Chili, Mais und Bohnen

Rezept	Seite	Kalorien/Portion	Sehr scharf	Raffiniert	Gelingt leicht	Preiswert	Gut vorzubereiten	Braucht etwas Zeit	Schnell	Vegetarisch
Herzspieße	6	190	●	●	●	●			●	
Eier in Weißweinmarinade	7	190	●	●			●			●
Gefüllte Teigtäschchen	8	470	●				●	●		
Maisbrötchen	10	160			●	●	●			●
Bananen-Chips	10	140		●	●				●	●
Palmito-Salat	11	350			●	●			●	●
Gefüllte Avocados	11	230		●					●	
Ceviche	12	230		●			●		●	
Fischcremesuppe	13	510		●	●					
Kartoffelsuppe	14	390			●	●				●
Quinoasuppe	14	240	●	●	●	●				●
Bohnensuppe mit Tomaten	16	230			●	●				
Topinambursuppe	16	200		●						
Avocadosuppe	17	190			●				●	
Erdnußsuppe	17	230		●						●
Hähnchen mit Mandeln	20	570	●	●						
Hähnchen mit Schweinefleisch	21	730			●			●		
Schweineragout	22	540			●	●				
Hähnchen mit Kartoffeln und Mais	22	450			●			●		
Knusprige Fleischwürfel	24	380		●		●				
Fleischtopf mit Gemüse	25	450			●			●		
Rindfleisch aus Caracas	26	430			●		●			
Chilenischer Fleischtopf	26	500		●				●		
Kutteln in Erdnußsauce	28	320		●		●				
Lammragout	29	410	●	●				●		
Fischtopf	32	230			●		●			
Thunfischragout	33	320		●	●					
Fischsuppe mit Gemüse	34	410		●	●					
Stockfisch mit Kokosmilch	35	520			●	●				

GU Rezept ·

Rezept	Seite	Kalorien/Portion	Sehr scharf	Raffiniert	Gelingt leicht	Preiswert	Gut vorzubereiten	Braucht etwas Zeit	Schnell	Vegetarisch
Forellen in Kokosmilch	36	480	●	●						
Fisch in Essigsauce	36	400	●		●					
Fisch mit Koriander	37	270			●				●	
Muschelragout	37	470		●		●				
Garnelenragout	38	420	●	●						
Meeresfrüchte-Topf	38	530			●		●			
Maispäckchen	42	240		●				●		
Kartoffelragout	44	190				●				●
Auberginen mit grünen Bohnen	45	150			●					●
Fastensuppe	46	525				●	●			
Kartoffeln in Nußsauce	46	420	●			●				●
Kartoffeln mit Tomaten	48	270			●	●				
Yucca in pikanter Sauce	48	380	●							●
Schwarze Bohnen	49	240			●					●
Linsentopf	49	180				●				●
Bohnen mit Kürbis	50	240						●		●
Kartoffeln aus Huancayo	51	620	●	●	●					
Kartoffelpuffer	52	330			●	●				
Maisbrot	53	230			●		●			
Ananas mit Rum	56	70		●	●				●	
Kokos-Eis	56	340		●			●		●	
Feigen in Brandy	56	240			●				●	
Osterkuchen	58	410					●	●		
Cherimoya-Flan	59	180		●			●			
Caipirinha	60	170			●				●	
Pisco Sour	60	150		●			●		●	
Früchtebowle	60	50		●					●	
Orangenschnaps	60	170			●				●	

Wegweiser

In ganz Südamerika findet der Besucher Garküchen und Imbißstände, die pikante Kleinigkeiten anbieten. Aber auch ein Essen im Familienkreis oder Restaurant beginnt meist mit einer kalten oder warmen Vorspeise, gefolgt von Suppe und Hauptgericht.

Ceviche

Das *ceviche*, auch *cebiche* oder *seviche* geschrieben, ist in ganz Lateinamerika und der spanischsprachigen Karibik populär. Rohe Fisch- oder Meeresfrüchtestücke werden in einer Mischung aus Limettensaft, Öl und Gewürzen einige Stunden mariniert. Dann schmeckt der Fisch überhaupt nicht mehr roh. Das beliebteste Ceviche wird mit *corvina* (Adlerfisch) zubereitet. Wenn Sie keinen Adlerfisch bekommen, können Sie selbstverständlich einen anderen Fisch verwenden. Er sollte aber weiß- und festfleischig sein. Sehr gut eignet sich Rotbarsch, Heilbutt oder Seeteufel. Für ein Ceviche muß der Fisch natürlich absolut frisch sein. Das ist heutzutage kaum noch ein Problem. Wenn Sie sich aber nicht sicher sind, ob es sich um wirklich taufrische, erstklassige Ware handelt, sollten Sie besser auf Tiefkühlprodukte zurückgreifen, denn tiefgekühlte Fische werden direkt nach dem Fang auf See schockgefroren. Tauen Sie das Fischfilet über Nacht im Kühlschrank auf oder schneiden Sie es noch halbgefroren in Stücke, die Sie dann in die Marinade legen.
Ceviches können auch mit vielen anderen Meeresfrüchten wie Shrimps, Langusten, Muscheln und Austern zubereitet werden. Dazu reicht man Popcorn oder frisches Weißbrot, in Peru gibt es gekochte Süßkartoffeln dazu.

Vorspeisen und Suppen

Empanadas

Auf dem ganzen Kontinent werden *empanadas* gegessen. Am bekanntesten sind die *empanadas argentinas.* Diese mit Hackfleisch, Gemüse oder Käse gefüllten Teigtaschen werden – je nach Größe – als Snack zu Cocktails, als Imbiß oder Vorspeise gereicht. Wenn Sie den Teig dafür nicht selbst machen wollen, können Sie auf tiefgekühlten Mürb- oder Blätterteig zurückgreifen.

Suppen

Ein richtiges Essen beginnt für einen Südamerikaner mit einer Suppe. Meist sind die Suppen sehr gehaltvoll und ähneln eher einem Eintopf. Bei entsprechender Menge können sie deshalb auch als Hauptgericht serviert werden.

Avocados

Avocados sind eine beliebte Vorspeise. Ihre Heimat ist das tropische Amerika. Hier wurden sie schon vor 8000 Jahren kultiviert. Ob solo, nur mit etwas Salz und Zitronensaft oder fein gefüllt, als Dip oder Suppe, Avocados sind äußerst vielseitig. Am bekanntesten sind sicher mit Krabben gefüllte Avocados. Versuchen Sie doch auch einmal eine Mischung aus Schinken, hartgekochten Eiern und Mayonnaise. Wenn Sie keine reifen Früchte bekommen (sie sollten auf Druck nachgeben), lassen Sie sie in Zeitungspapier gewickelt an einem warmen Ort 2–3 Tage stehen. Avocados dürfen niemals gekocht werden, sie schmecken sonst bitter!

Quinoa

Sehr beliebt als Suppeneinlage ist Quinoa, das »Getreide der Anden«. Es ist billig, nahrhaft und wächst noch in 4000 m Höhe. Quinoa kann man in Spezialitätenläden, Reformhäusern oder Naturkostläden kaufen.

Achiote

Achiote oder Achote ist der Annattostrauch oder Orleansbaum, der aus Costa Rica stammt, heute aber überall in den Tropen angebaut wird. Die Samen des Strauches enthalten einen roten Farbstoff, der in ganz Lateinamerika sehr häufig verwendet wird, und sei es nur, um einem fertigen Gericht eine appetitlich rötliche Farbe zu geben. Auch Käse, Margarine, Butter und Backwaren werden mit Achiote gefärbt. Vor allem in unseren Großstädten gibt es mexikanische oder lateinamerikanische Lebensmittelgeschäfte, in denen man Achioteöl oder Achiotepulver kaufen kann. Das geschmacksneutrale Öl können Sie auch leicht selbst herstellen. Dafür 1/4 l neutrales Öl in einen kleinen Topf gießen und 80–100 g Achiotepulver sowie 1 getrocknete Chilischote hinzufügen. Diese Mischung 30 Minuten stehenlassen, dann langsam erhitzen und unter Rühren 2–3 Minuten sieden lassen. Das Öl durch ein feines Sieb oder Mulltuch gießen und in ein Schraubglas füllen. Kühl und dunkel aufbewahrt hält es sich mindestens 1 Jahr.

Topinambur

Topinambur, auch Erdartischocke genannt, ist eine kartoffelähnliche Knolle. Beim Einkauf sollte man möglichst große Exemplare aussuchen, die leichter zu schälen sind. Topinambur darf nicht zu lange gekocht werden, denn sie wird leicht matschig. Gekochte Knollen schmecken auch gut, wenn man sie in Scheiben schneidet und wie Bratkartoffeln brät.

Im Uhrzeigersinn von rechts oben: Avocado, Topinambur, Achiote

Herzspieße

Anticuchos

- 🟢 Raffiniert
- 🔵 Preiswert

Anticuchos gehören in Peru zu den National-gerichten und werden oft in den Garküchen am Straßenrand angeboten.

Für 8 Personen:

1/2 Rinderherz (1,2 kg)
3–4 frische rote Chilischoten
10 Knoblauchzehen
3 EL Rotweinessig
Salz
1 TL Kreuzkümmel
3 EL Achioteöl

Zubereitungszeit: 25 Min.
Marinierzeit: 12 Std.

Pro Portion ca.: 810 kJ/190 kcal
21 g EW/7 g F/1 g KH

1 Das Herz sorgfältig von Adern und Haut befreien und in etwa 2 cm große Stücke schneiden. Die Chilischoten putzen, längs aufschneiden, entkernen und fein hacken, den Knoblauch pellen. Chili-schoten, Knoblauch, Essig, Salz und Kreuzkümmel im Mixer oder im Blitzhacker pürieren und die Herz-stücke damit einreiben. Zugedeckt für 12 Std. kalt stellen.

2 Einen Holzkohlengrill oder einen Elektrogrill vorheizen. Die Fleisch-würfel auf ein Sieb geben, die Marinade auffangen. Das Fleisch rundum mit dem Achioteöl bepinseln und die Stücke auf acht Spieße stecken. Die Spie-ße etwa 8–10 cm von der Glut entfernt in 4–5 Min. grillen, dabei immer wie-der mit der Marinade be-pinseln.

VARIANTEN

Man kann die Marinade auch in einem Topf etwas einkochen lassen und getrennt zu den Spießen servieren. Dann werden sie während des Grillens nicht bepinselt.
Die marinierten Herzstück-chen nicht auf Spieße stecken, sondern in heißem Öl von allen Seiten bei starker Hitze 5 Min. braten, dabei die Marinade löffelweise hinzufügen. Genauso gut schmecken Anticuchos übrigens, wenn Sie dafür statt Herz-beispielsweise Schweine-filetstücke nehmen.

TIP!

Für 8 Personen reichen die Spieße als Vorspeise, für 4 sind sie, mit Reis und Salat, eine Haupt-mahlzeit.

Eier in Weißweinmarinade

Huevos esabechados

● Vegetarisch
● Gut vorzubereiten

Für 6–8 Personen:

8 Eier
60 g Mandeln
350 ml Kokosmilch
Salz
weißer Pfeffer
1 Stück Zimtstange
6 Pimentkörner
1 TL Zucker
1 TL Achiotepulver
4 getrocknete Chilischoten
1 große Zwiebel
1 walnußgroßes Stück Ingwer (etwa 20 g)
1 EL Rosinen
4 EL Weißwein
2 EL Weißweinessig

Zubereitungszeit: 45 Min.

Bei 8 Personen pro Portion ca.:
810 kJ / 190 kcal
7 g EW / 15 g F / 9 g KH

1 Die Eier hart kochen, dann abgießen und kalt abschrecken. Die Mandeln mit kochendem Wasser übergießen, kurz darin ziehen lassen, dann die Haut abziehen.

2 Die Kokosmilch in einen Topf geben. Salz, Pfeffer, Zimt, Piment, Zucker, Achiote und die zerbröckelten Chilischoten hinzufügen. Alles zugedeckt bei schwacher Hitze 10 Min. köcheln lassen.

3 Die Zwiebel pellen und fein würfeln, den Ingwer

schälen und ebenfalls fein würfeln. Das Öl in einer Pfanne erhitzen. Zwiebel und Ingwer darin bei mittlerer Hitze weich dünsten. Mandeln, Rosinen, Wein und Essig hinzufügen. Diese Mischung unter die Kokosmilch rühren. Alles zugedeckt 2–3 Min. köcheln lassen. Mit Salz abschmecken.

4 Die Eier pellen und längs halbieren. Auf einer Platte anrichten und mit der Sauce übergießen. Das Gericht auf Zimmertemperatur abkühlen lassen, dann servieren. Dazu paßt frisches Brot und Bier oder Weißwein.

TIP!

Marinierte Eier passen gut auf ein kaltes Buffet und eignen sich prima fürs Picknick. Sie können sie einen Tag vorher zubereiten. Dann sollten Sie die Eier im Kühlschrank aufbewahren.

Gefüllte Teigtäschchen

Empanadas

● Braucht etwas Zeit
● Gut vorzubereiten

Empanadas, gefüllte Teigtäschchen, gibt es in ganz Lateinamerika in zahlreichen Varianten. Dies ist eine argentinische Version. Empanadas argentinas schmecken warm und kalt und sind ein beliebter Snack zu Wein oder Bier. Sie passen auch gut auf ein kaltes Buffet.

Für 6–8 Personen:

Für den Teig:
400 g Mehl
1 TL Backpulver · 1 TL Salz
75 g Schweineschmalz
75 g Butter
Für die Füllung:
2 Zwiebeln
1 Kartoffel (etwa 200 g)
1 grüne Paprikaschote
2 Knoblauchzehen
2 EL Öl
250 g Hackfleisch
2 EL Rosinen
1 EL Paprika, edelsüß
1 TL Kreuzkümmel
1/2 TL Cayennepfeffer
Saft von 1/2 Zitrone
Salz · Pfeffer
Außerdem:
Mehl zum Ausrollen
1 Eigelb zum Bestreichen
Fett für das Backblech

Zubereitungszeit: 1 1/4 Std.
Kühlzeit: 1 Std.

Bei 8 Personen pro Portion ca.:
1950 kJ/470 kcal
7 g EW/22 g F/66 g KH

1 Für den Teig das Mehl, das Backpulver und das Salz in einer Schüssel mischen. Schweineschmalz und Butter in kleine Stücke schneiden und dazugeben. Alles mit den Händen oder mit den Knethaken des Handrührers zu einem festen, elastischen Teig verkneten. Eventuell etwas kaltes Wasser hinzufügen. Den Teig zur Kugel formen und zugedeckt 1 Std. in den Kühlschrank stellen.

2 Für die Füllung die Zwiebeln pellen und fein würfeln. Die Kartoffel schälen, waschen und in winzige Würfelchen schneiden. Die Paprikaschote putzen, waschen und ebenfalls in sehr kleine Würfel schneiden. Den Knoblauch pellen und durchpressen.

3 Das Öl erhitzen und die Zwiebelwürfel darin goldbraun braten. Kartoffel, Paprika, Knoblauch und Hackfleisch hinzufügen und alles unter Rühren braten, bis das Fleisch krümelig geworden ist.

4 Dann Rosinen, Paprika, Kreuzkümmel, Cayennepfeffer und Zitronensaft unterrühren. Die Fleischmasse mit Salz und Pfeffer würzen und abkühlen lassen. Den Backofen auf 175° vorheizen.

5 Den Teig auf bemehlter Fläche zu einem Rechteck von etwa 3 mm Dicke ausrollen und Quadrate von etwa 15 cm Kantenlänge ausschneiden.

6 Jeweils 1–2 EL der Füllung in die Mitte der Teigquadrate setzen, die Teigstücke zu Dreiecken zusammenklappen und die Ränder mit einer Gabel gut festdrücken. Dann die Teigtäschchen mit der Gabel mehrmals einstechen.

7 Das Eigelb mit etwas Wasser verquirlen und die Teigtaschen damit bestreichen. Ein Backblech einfetten und die Teigtaschen darauf legen. Im Backofen (Mitte, Umluft 150°) in 30 Min. goldbraun backen.

Mais-brötchen

Arepas

- Preiswert
- Gelingt leicht

Arepas sind in Venezuela so allgegenwärtig wie Tortillas in Mexiko und schmecken auch so ähnlich. Man kann sie mit verschiedenen Zutaten belegen oder zu Suppen und saucigen Gerichten servieren.

Für 8 Stück:

250 g Maismehl für Tortillas (masa harina)
1 TL Salz · 3 EL Schmalz
Mehl zum Ausrollen

Zubereitungszeit: 50 Min.

Pro Stück ca.: 650 kJ/160 kcal
2 g EW/6 g F/24 g KH

1 Das Maismehl in eine Schüssel geben, mit dem Salz und 350 ml Wasser zu einem festen Teig kneten. Den Teig zur Kugel formen und 5 Min. stehenlassen.

2 Auf einer bemehlten Fläche eine etwa 25 cm lange Teigrolle formen. Davon 8 Stücke abschneiden und diese zu etwa 1 cm dicken Küchlein von etwa 7 cm Ø formen.

3 Das Schmalz erhitzen und die Brötchen von jeder Seite bei mittlerer Hitze 5 Min. braten. Den Backofen auf 175° vorheizen.

4 Die Arepas auf ein ungefettetes Backblech legen und im Backofen (Mitte, Umluft 150°) in 20–30 Min. goldbraun backen, dabei 2–3 Mal wenden.

Bananen-Chips

Patacones

- Vegetarisch
- Raffiniert

Für 4–6 Personen:

2 grüne (unreife)
Kochbananen (etwa 750 g)
1/2 l Öl oder Fritierfett
Salz

Zubereitungszeit: 20 Min.

Bei 6 Personen pro Portion ca.:
600 kJ/140 kcal
1 g EW/8 g F/19 g KH

1 Die Bananen mit einem Messer schälen und in etwa 3 cm dicke Scheiben schneiden. Das Öl auf 180° erhitzen und die Bananenscheiben darin portionsweise etwa 5 Minuten backen. Herausnehmen und auf Küchenpapier abtropfen lassen.

2 Die Scheibchen mit einem breiten Messer auf knapp 2 cm Dicke flachdrücken. Es macht nichts, wenn sie dabei an den Rändern etwas aufspringen.

3 Die flachgedrückten Scheibchen nochmal ins heiße Öl gleiten lassen und in weiteren 1–2 Min. goldbraun backen. Mit Salz bestreuen und lauwarm servieren.

VARIANTE

Yuca frita
600 g geschälte Yucca in etwa 2,5 cm dicke Scheibchen schneiden und in Salzwasser 25 Min. kochen. Dann abtrocknen und in heißem Öl goldbraun fritieren. Yuca frita paßt auch als Beilage zu Fleisch oder Geflügel.

Palmito-Salat

Ensalada de palmitos

 Schnell
● Gelingt leicht

Für 4 Personen:

1 Dose Palmherzen (Inhalt 850 g)
1 kleine Zwiebel
1 Knoblauchzehe
1/2 Bund Petersilie
1 Orange
6 EL Olivenöl
4 EL Weißweinessig
Salz
weißer Pfeffer

Zubereitungszeit: 15 Min.
Marinierzeit: 1 Std.

Pro Portion ca.: 1450 kJ/350 kcal
8 g EW/10 g F/66 g KH

1 Die Palmherzen abgießen, abtropfen lassen und in etwa 1 cm breite Scheiben schneiden. Die Zwiebel pellen und fein würfeln, den Knoblauch pellen und durchpressen. Die Petersilie waschen. Die Blättchen von den Stielen zupfen und fein hacken. Die Orange auspressen.

2 Zwiebel, Knoblauch, Petersilie, Orangensaft, Öl, Essig, Salz und Pfeffer verrühren. Die Palmherzen damit übergießen und 1 Std. durchziehen lassen.

VARIANTE

Gehaltvoller wird dieser Salat, wenn Sie zusätzlich noch 1 geschälte, gewürfelte Avocado und Tomatenstückchen hinzufügen. Dann brauchen Sie für die Sauce zusätzlich noch je 1 EL Öl und Essig sowie Salz und Pfeffer nach Belieben.

Gefüllte Avocados

Aguacates rellenos

● Schnell
● Raffiniert

Für 4 Personen:

2 reife Avocados
Saft von 1/2 Zitrone
1/2 kleine Zwiebel
1 Knoblauchzehe
4 EL Öl
3 EL Weißweinessig oder Zitronensaft
Salz
weißer Pfeffer
150 g gekochte, geschälte Garnelen
2–3 EL gehacktes Koriandergrün

Zubereitungszeit: 10 Min.

Pro Portion ca.: 980 kJ/230 kcal
9 g EW/19 g F/8 g KH

1 Die Avocados längs halbieren und die Kerne entfernen. Die Schnittflächen sofort mit Zitronensaft beträufeln.

2 Die Zwiebel pellen und fein würfeln, die Knoblauchzehe pellen und durchpressen. Aus Zwiebel, Knoblauch, Öl, Essig oder Zitronensaft, Salz und Pfeffer eine Sauce rühren.

3 Die Avocadohälften auf 4 Teller setzen und die Garnelen darauf verteilen. Die Sauce darüber gießen und das Koriandergrün darüber streuen.

VARIANTE

Wer es herzhafter mag, füllt die Avocados mit einer Mischung aus gewürfeltem gekochtem Schinken, gehackten hartgekochten Eiern und Mayonnaise.

Ceviche

Ceviche

● Raffiniert
● Gut vorzubereiten

Ceviche (marinierter, roher Fisch) ist in ganz Lateinamerika einschließlich der spanischsprachigen Karibik bekannt und beliebt. Man ißt es traditionell am Vormittag. Wenn Sie keinen ganz frischen Fisch bekommen, nehmen Sie ruhig tiefgekühlten, den Sie über Nacht im Kühlschrank auftauen lassen.

Für 4 Personen:

400 g festes Fischfilet (Seeteufel, Rotbarsch)
1 Zwiebel
4 Knoblauchzehen
je 1 rote und grüne Chilischote
3 Orangen
3 Zitronen
1/2 Bund Koriandergrün
4 EL Öl
2 EL Essig
Salz

Zubereitungszeit: 15 Min.
Marinierzeit: 2–3 Std.

Pro Portion ca.: 970 kJ/230 kcal
22 g EW/9 g F/28 g KH

1 Das Fischfilet in etwa 1 1/2 cm große Stücke schneiden und in eine Schüssel legen. Die Zwiebel pellen und fein würfeln. Den Knoblauch pellen und durchpressen.

Die Chilischote putzen, längs aufschneiden, waschen und in dünne Ringe schneiden. Orangen und Zitronen auspressen. Das Koriandergrün waschen, die Blättchen fein hacken.

2 Öl, Essig, Salz, Koriander, Orangen- und Zitronensaft, Chilischote, Knoblauch und Zwiebel verrühren. Über die Fischstücke gießen und alles gründlich miteinander vermischen. Zugedeckt 2-3 Std. kalt stellen. Dazu paßt Popcorn oder frisches Weißbrot und ein kühles Bier.

VARIANTE

Versuchen Sie anstelle des Fischfilets auch einmal rohe Garnelen (ohne Schale), Muscheln, Austern oder eine Mischung von allem. Sie können auch 1 kleingewürfelte Tomate in die Sauce geben.

Fischcremesuppe

Chupe de corvina

🔵 Gelingt leicht
🟢 Raffiniert

Für 4 Personen:

1 Zwiebel	
2 Knoblauchzehen	
1 kg Kartoffeln	
4 EL Butter	
1 TL Paprika, edelsüß	
Salz	
weißer Pfeffer	
2 Eier	
500 g Fischfilet (z. B. Seeteufel oder Rotbarsch)	
2 EL Mehl	
125 g Sahne	
1/8 l Milch	

Zubereitungszeit: 45 Min.

Pro Portion ca.: 2130 kJ / 510 kcal
33 g EW / 24 g F / 40 g KH

1 Die Zwiebel pellen und fein würfeln, den Knoblauch pellen. Die Kartoffeln waschen, schälen und in etwa 1 cm große Würfel schneiden.

2 Die Hälfte der Butter erhitzen und die Zwiebelwürfel darin hellgelb anschwitzen, den Knoblauch dazupressen und die Kartoffelwürfel hinzufügen. Unter Rühren bei mittlerer Hitze 15 Min. braten. Mit Paprika, Salz und Pfeffer würzen.

3 Die Eier in 10 Min. hart kochen. Die Fischfilets in etwa 3 cm große Stücke schneiden. Die Stücke salzen und in Mehl wenden. Die restliche Butter erhitzen. Die Fischstücke darin von beiden Seiten hellbraun braten. Die Eier abgießen, dann kalt abschrecken, pellen und in Scheiben schneiden.

4 Die Kartoffeln mit 1/4 l Wasser ablöschen, Sahne und Milch hinzufügen und alles zum Kochen bringen. Die Fischstücke in die Suppe geben und eventuell nachwürzen. Mit Eischeiben garnieren.

VARIANTE

Etwas aufwendiger ist die Fischcremesuppe mit Krabben (Chupe de corvina con camarones). Dafür zusätzlich 300 g gegarte Krabben aus den Schalen lösen und die Schalen in Öl anbraten. Dann mit etwa 350 ml Wasser ablöschen und alles 15 Min. köcheln lassen. Mit diesem Sud die Kartoffeln ablöschen. Die Krabben in heißer Butter anbraten und zum Schluß unter die Suppe mischen. Mit gehacktem Koriandergrün bestreuen.

Kartoffelsuppe

Locro

- 🟡 Vegetarisch
- 🔵 Preiswert

Für 4–6 Personen:

1,5 kg Kartoffeln
1 Zwiebel
2–3 EL Butter oder Öl
1 TL Achiotepulver
1 TL weißer Pfeffer
Salz
1/2 l Gemüsebrühe (Instant)
200 ml Milch
125 g Mozzarella
1 Avocado
100 g saure Sahne

Zubereitungszeit: 1 Std. 10 Min.
Bei 6 Personen pro Portion ca.:
1610 kJ/390 kcal
14 g EW/20 g F/38 g KH

1 Die Kartoffeln schälen, waschen, abtrocknen und in etwa 3 cm große Stücke schneiden. Die Zwiebel pellen und fein würfeln.

2 Das Fett in einem Topf erhitzen und die Kartoffelwürfel darin unter Rühren 15 Min. braten, nach 10 Min. die Zwiebel hinzufügen und ständig weiterrühren. Kartoffeln und Zwiebeln sollen nicht braun werden.

3 Achiotepulver, Pfeffer und Salz hinzufügen und umrühren. Gemüsebrühe und Milch angießen. Alles aufkochen und bei schwacher Hitze zugedeckt 25 Min. köcheln lassen.

4 Den Mozzarella in kleine Würfel schneiden. Die Avocado schälen, den Kern entfernen und das Fruchtfleisch in schmale Spalten schneiden.

5 Die saure Sahne in die Suppe gießen, umrühren und wieder erhitzen. Die Suppe auf vorgewärmte Teller verteilen und je 1 EL von dem Mozzarella darüber streuen. Jeweils 2–3 Avocadospalten an den Tellerrand legen.

VARIANTE

Kartoffelsuppe gibt es in zahlreichen Varianten in ganz Südamerika. An der Küste werden oft zusätzlich pro Person 2 gebratene geschälte Riesengarnelen in die Suppe gegeben. Im Hochland legt man ein halbiertes hartgekochtes Ei hinein. Wenn Sie kein Achiotepulver bekommen, können Sie auch edelsüßes Paprikapulver verwenden. Sehr gut schmeckt die Suppe auch, wenn Sie statt der Kartoffeln die gleiche Menge Kürbisfleisch nehmen; so wird die Suppe übrigens in Peru und Argentinien zubereitet.

Quinoasuppe

Sopa de quinua

- 🟢 Raffiniert
- 🟡 Vegetarisch

Für 4–6 Personen:

200 g Quinoa
200 g Mangold
2–4 frische rote Chilischoten
2 Knoblauchzehen
400 g Kartoffeln
2 EL Olivenöl
1–1 1/4 l Gemüsebrühe (Instant)
Salz
1 TL schwarzer Pfeffer
1/2 TL Kreuzkümmel

Zubereitungszeit: 1 Std.
Bei 6 Personen pro Portion ca.:
1000 kJ/240 kcal
14 g EW/4 g F/38 g KH

1 Quinoa in ein Haarsieb geben und unter fließendem kaltem Wasser abbrausen und abtropfen lassen. Mit etwa 1 l Wasser zum Kochen bringen. Zugedeckt bei schwacher Hitze etwa 15 Minuten köcheln lassen, bis das Wasser von den Körnchen aufgesogen wurde.

2 Inzwischen den Mangold gründlich waschen, die Blätter in etwa 2 cm große Stücke schneiden. Die Chilischoten längs aufschneiden, putzen, waschen und fein hacken. Den Knoblauch pellen. Die Kartoffeln schälen, waschen und in etwa 2 cm große Würfel schneiden.

3 Das Öl in einem großen Topf erhitzen und die Chilischoten darin unter Rühren 1 Min. bei mittlerer Hitze braten. Dann den Knoblauch dazupressen und kurz mitbraten. Kartoffeln, Mangold und Quinoa hinzufügen. Die Brühe angießen. Die Suppe mit Salz, Pfeffer und Kreuzkümmel würzen und zugedeckt 15 Min. köcheln lassen, bis die Kartoffeln weich sind. Eventuell nachsalzen.

VARIANTE

Schneller geht es, wenn Sie statt Quinoa Maiskörner aus der Dose nehmen, die Sie erst etwa 5 Minuten vor Ende der Garzeit in die Suppe geben. Auch Gerste (Graupen) ist ein guter Ersatz für Quinoa.

**Im Bild oben: Quinoasuppe
Im Bild unten: Kartoffelsuppe**

Bohnen-suppe mit Tomaten

Sopa de frijoles con tomates

● Preiswert
● Gelingt leicht

Für 4–6 Personen:

1 Zwiebel
100 g Knollensellerie
3 große reife Tomaten
1–2 frische grüne Chilischoten · 1 EL Butter
1 große Dose weiße Bohnen (Inhalt 800 g)
600 ml Fleischbrühe (Instant)
Salz · weißer Pfeffer

Zubereitungszeit: 40 Min.

Bei 6 Personen pro Portion ca.: 960 kJ/230 kcal 15 g EW/4 g F/35 g KH

1 Die Zwiebel pellen und fein würfeln. Den Sellerie schälen und ebenfalls fein würfeln. Die Tomaten überbrühen, häuten, entkernen und kleinschneiden, dabei die Stielansätze entfernen. Chilischoten putzen, längs aufschneiden, waschen und in dünne Streifen schneiden.

2 Die Butter erhitzen und die Zwiebelwürfel darin unter Rühren hellbraun anbraten. Dann Sellerie, Tomaten und Chilischoten hinzufügen und alles weitere 2–3 Min. braten. Die Bohnen abtropfen lassen, Brühe und Bohnen hinzufügen. Die Suppe mit Salz und Pfeffer würzen. Zugedeckt bei schwacher Hitze 15 Min. köcheln lassen.

3 Die Suppe mit dem Pürierstab oder im Mixer pürieren. In vorgewärmte Teller füllen und servieren.

Topinambur-suppe

Sopa de topinambur

● Raffiniert
● Gelingt leicht

Für 4 Personen:

500 g Topinambur
1 Zwiebel
3/4 l Hühnerbrühe (Instant)
Salz · weißer Pfeffer
50 g Sahne
3 EL gehacktes Koriandergrün oder gehackte Petersilie

Zubereitungszeit: 40 Min.

Pro Portion ca.: 820 kJ/200 kcal 11 g EW/6 g F/26 g KH

1 Die Topinamburknollen schälen, in etwa 1 cm große Stücke schneiden und in kaltes Wasser legen. Die Zwiebel pellen und würfeln.

2 Topinambur und Zwiebelwürfel in einen Topf geben. Die Brühe angießen. Bei schwacher Hitze zugedeckt 20 Min. leise köcheln lassen.

3 Die Suppe mit dem Pürierstab oder im Mixer pürieren und mit Salz und Pfeffer abschmecken. Die Sahne unterrühren. Die Suppe wieder heiß werden lassen. Vor dem Servieren mit gehacktem Koriandergrün oder gehackter Petersilie bestreuen.

Avocado-suppe

Sopa de aguacate

● Schnell
● Gelingt leicht

Für 4 Personen:

3/4 l Hühnerbrühe
(Instant)
2 reife Avocados
Salz
weißer Pfeffer
Saft von 1/2 Zitrone
3–4 EL gehacktes
Koriandergrün oder
gehackte Petersilie

Zubereitungszeit: 15 Min.

Pro Portion ca.: 790 kJ/190 kcal
11 g EW/14 g F/9 g KH

1 Die Hühnerbrühe er-
hitzen. Die Avocados
längs halbieren und die
Steine entfernen. Das
Fruchtfleisch aus den
Schalen lösen und mit
einer Gabel zerdrücken.

2 Die heiße Hühnerbrühe
von der Kochstelle neh-
men, das Avocadopüree
hinzufügen und alles gut
vermischen. Mit Salz,
Pfeffer und Zitronensaft
würzen und mit dem
Koriandergrün oder der
Petersilie bestreuen.

TIP!

Avocados sollten Sie
nicht kochen lassen,
sondern nur erwärmen,
und Reste der Suppe
auch nicht aufwärmen,
denn Avocado wird bit-
ter. Hübsch sieht es aus,
wenn Sie eine weitere
Avocado in Spalten oder
Stückchen schneiden
und die Suppe damit
garnieren.
Im Sommer wird die
Avocadosuppe eiskalt
gegessen, das ist herrlich
erfrischend!

Erdnuß-suppe

Sopa de mani

● Raffiniert
● Vegetarisch

Für 4–6 Personen:

100 g frische Erdnüsse
(ohne Schale gewogen)
400 g Kartoffeln
1 Zwiebel
2 EL Butter
3/4 l Gemüsebrühe
(Instant)
50 g Sahne
Salz
weißer Pfeffer
2 EL gehackter
Schnittlauch

Zubereitungszeit: 45 Min.

Bei 6 Personen pro Portion ca.:
980 kJ/230 kcal
12 g EW/16 g F/14 g KH

1 Die Erdnüsse im Mixer
fein mahlen. Die Kartof-
feln schälen, waschen und

in etwa 1 cm große Wür-
fel schneiden. Die Zwiebel
pellen und fein würfeln.

2 Die Butter erhitzen und
die Zwiebelwürfel darin
hellgelb anschwitzen. Die
Kartoffelwürfel und die
Erdnüsse hinzufügen und
bei schwacher Hitze unter
Rühren 3–4 Min. braten.
Die Brühe angießen. Die
Suppe 20 Min. zugedeckt
köcheln lassen.

3 Dann die Sahne hin-
zufügen und die Suppe
mit Salz und Pfeffer
abschmecken. Vor dem
Servieren den gehackten
Schnittlauch über die
Suppe streuen.

Fleisch und Geflügel

Bevor Kolumbus die Neue Welt entdeckte, gab es im Reich der Inkas wenig fleischliefernde Tiere. Die indianischen Ureinwohner jagten wilde Truthühner, Meerschweinchen, Leguane, Wachteln, Tauben, Wasserschweine und verschiedene Lama-Arten. Als die Europäer Amerika entdeckt hatten, brachten sie ihre Tiere mit, wie beispielsweise Schweine, Hühner, Ziegen, Schafe und Rinder. Hühner und Schweine führen heute die Beliebtheitsskala in Südamerika an. Sie sind leicht zu halten und ihr Fleisch ist billig.

Nationalgerichte

Jedes Land hat seine eigenen, überlieferten Nationalgerichte. In Venezuela ist es der *pabellón caraqueño*, wörtlich übersetzt bedeutet das »Flagge aus Caracas«. Hierbei handelt es sich um gekochtes, dann zerpflücktes und gebratenes Rindfleisch, das mit Reis, Spiegeleiern und schwarzen Bohnen serviert wird. Eines der Nationalgerichte Ecuadors ist die *fritada*, das sind knusprig gebratene Schweinefleischwürfel, wozu man mit Käse gefüllte Kartoffelpuffer reicht. In Peru ist es das *aji de gallina*, ein extrem scharfes Hühnergericht. Brasilien hat die berühmte *feijoada*, einen deftigen Eintopf aus schwarzen Bohnen und geräuchertem Fleisch; dazu ißt man Reis, Kohl, geröstetes Maniokmehl und Orangen.

Greifen Sie zu, wenn Sie frischen Zuckermais bekommen, er schmeckt wesentlich besser als Mais aus der Dose oder dem Glas. Schaben Sie die Maiskörner mit einem scharfen Messer vorsichtig ab.

Rindfleisch

Das meiste Rindfleisch wird in Argentinien produziert. Das in aller Herren Länder exportierte Fleisch ist von ausgezeichneter Qualität. Die bekanntesten Fleischgerichte sind die *asados*. Bei einem Asado werden halbe Kälber, Schafe oder Ziegen auf kreuzförmige Spieße gesteckt und dicht an der Glut gegrillt. *Parrilladas* sind gemischte Grillplatten mit Steaks, Würstchen und – als ganz besondere Delikatesse – Stierhoden.

Hähnchen- und Schweinefleisch

Massentierhaltungen in engen Käfigen oder Ställen gibt es in Südamerika nicht oder kaum. Schweine werden an langen Leinen angepflockt oder laufen frei herum, Hühner ebenso. Das Fleisch ist von entsprechender Qualität, nämlich ausgezeichnet. Wer hierzulande die Gelegenheit hat, Fleisch vom Bauern zu kaufen, ist immer gut bedient. Es mag zwar etwas teurer sein, dafür ist man aber sicher, ein artgerecht gehaltenes Tier aus streßfreier Schlachtung zu bekommen, dessen Fleisch gut und gesund ist.

Die Paila

Eine *paila* ist ein Kochtopf aus Messing mit zwei Henkeln, der direkt auf der Holzkohlenglut steht. In ihr wird fast alles zubereitet. Man kann in der Paila Fleischstücke knusprig braten, Suppen und Eintöpfe kochen und sogar Eis rühren. Natürlich eignet sich zum Braten, Schmoren und Kochen auch jeder andere Topf.

Weine und Spirituosen

Die besten Weine Südamerikas kommen aus Argentinien und Chile. Die Spitzengewächse aus diesen beiden Ländern brauchen einen Vergleich mit Eliteweinen aus Frankreich, Italien oder Kalifornien nicht zu scheuen. Von den Weißweinen ist der Chablis aus Chile und der Torrontés aus Argentinien besonders zu empfehlen. Die besten Rotweine kommen aus der argentinischen Provinz Mendoza.
Venezuela produziert den ausgezeichneten *Cacique-*

Rum. Aus Peru kommt *Pisco*, ein Destillat aus Trauben. Meist wird er mit Limettensaft, Zucker und etwas Eiweiß als »Pisco Sour« angeboten. Brasilien ist berühmt für den *Cachaça*, das ist ein glasklarer Zuckerrohrschnaps.

Und Kolumbien schließlich wartet mit seinem *Aguardiente* auf, ebenfalls ein Schnaps aus Zuckerrohr, der oft mit Anis gewürzt und mit Zitronenscheiben serviert wird.

Südamerika ist bekannt für seine Spirituosen, aus denen sich herrliche Drinks mixen lassen.

Hähnchen mit Mandeln

Aji de gallina

- Sehr scharf
- Raffiniert

Von diesem peruanischen Nationalgericht existieren zahlreiche Varianten.

Für 4-6 Personen:

1 großes Hähnchen (oder 6 Hähnchenkeulen, insgesamt etwa 2 kg)
1,2 l Hühnerbrühe (Instant)
150 g Mandeln
2 Zwiebeln
4 Knoblauchzehen
100 g Toastbrot
200 ml Milch · 3 Tomaten
6-10 frische rote Chili-schoten
3 EL Öl · Salz

Zubereitungszeit: 1 Std. 20 Min.

Bei 6 Personen pro Portion ca.:
2370 kJ/570 kcal
51 g EW/28 g F/27 g KH

1 Das Huhn in 6-8 Stücke teilen und die Flügelspitzen abschneiden. Die Teile waschen. Die Brühe aufkochen lassen. Die Hähnchenteile hineingeben. Halb zugedeckt bei schwacher Hitze 45 Min. leise köcheln lassen, dann in der Brühe abkühlen lassen.

2 Während das Hähnchen gart, die Mandeln mit kochendem Wasser überbrühen und kurz darin ziehen lassen. Dann häuten und fein mahlen.

3 Die Zwiebeln pellen und fein würfeln. Den Knoblauch pellen. Das Toastbrot entrinden und in etwa 1/2 cm große Würfel schneiden, dann mit der Milch zu einer Paste vermengen. Die Tomaten mit kochendem Wasser überbrühen, häuten, entkernen und die Stielansätze entfernen. Die Chilischoten putzen, längs aufschneiden, waschen und fein hacken.

4 Das Öl in einer großen Pfanne erhitzen und die Zwiebelwürfel darin goldbraun braten. Den Knoblauch dazupressen und kurz mitbraten, dann Tomaten, Brotmischung, Mandeln und Chilischoten hinzufügen. Eventuell etwas Hühnerbrühe angießen, die Sauce soll aber dickflüssig sein. Mit Salz abschmecken.

5 Die Hähnchenteile aus der Brühe nehmen, häuten und in der Sauce erhitzen.

TIP!

Garnieren Sie das Gericht mit schwarzen Oliven - das schmeckt sehr aromatisch und sieht hübsch aus.

Hähnchen mit Schweinefleisch

Carapulcra

🔴 Braucht etwas Zeit
🔵 Gelingt leicht

Im Hochland der Anden wird dieses Gericht mit »chuños«, getrockneten Kartoffeln, zubereitet. Dafür werden Kartoffel-scheiben durch Wechsel von Kälte und Hitze so lange getrocknet, bis sie keine Flüssigkeit mehr enthalten und bis zur nächsten Ernte aufbe-wahrt werden können.

Für 4-6 Personen:

2 Hähnchenkeulen (etwa 700 g)
700 g Schweinefleisch (Schulter)
2 Zwiebeln
4 Knoblauchzehen
500 g mehligkochende Kartoffeln
3 EL Schweineschmalz
Salz · schwarzer Pfeffer
1 TL Kreuzkümmel
1/2 TL Piment
1/2 TL Cayennepfeffer
400 ml Hühnerbrühe (Instant)
100 g ungesalzene, ungeröstete Erdnüsse

Zubereitungszeit: 1 1/2 Std.

Bei 6 Personen pro Portion ca.:
3040 kJ/730 kcal
43 g EW/48 g F/45 g KH

1 Die Hähnchenkeulen in 6–8 Stücke hacken. Das Schweinefleisch in etwa 2 cm große Würfel schneiden. Die Zwiebeln pellen und fein würfeln. Den Knoblauch pellen. Die Kartoffeln schälen, wa-schen und in etwa 1 cm große Würfel schneiden.

2 Das Schmalz erhitzen und die Hähnchenteile darin von allen Seiten kräftig braun anbraten, dann herausnehmen. Im verbliebenen Fett das Schweinefleisch braun anbraten, ebenfalls her-ausnehmen. Die Zwiebel im verbliebenen Fett gold-braun braten. Den Knob-lauch dazupressen und kurz mitbraten.

3 Beide Fleischsorten und die Kartoffeln dazugeben. Mit Salz, Pfeffer, Kreuz-kümmel, Piment und Cayennepfeffer würzen. Die Brühe angießen. Zuge-deckt bei schwacher Hitze 1 Std. köcheln lassen.

4 Die Hähnchenkeulen herausnehmen. Das Fleisch von den Knochen lösen und wieder in den Topf geben. Die Erdnüsse mahlen und hinzufügen; noch 5 Min. köcheln lassen.

Schweineragout

Seco de cancho

- Gelingt leicht
- Preiswert

Für 4 Personen:

800 g Schweinefleisch (Nacken)
1 große rote Zwiebel
1 grüne Paprikaschote
4 Knoblauchzehen
2 frische rote Chilischoten
2 Tomaten
50 g Schweineschmalz
Salz
schwarzer Pfeffer
300 ml helles Bier (ersatzweise Fleischbrühe)
1 TL Kreuzkümmel
1 TL Oregano
1/2 Bund Koriandergrün

Zubereitungszeit: 1 1/4 Std.

Pro Portion ca.: 2270 kJ / 540 kcal
28 g EW / 40 g F / 13 g KH

1 Das Fleisch in 2–3 cm große Würfel schneiden. Die Zwiebel pellen und fein würfeln. Die Paprikaschote halbieren, putzen, waschen und fein würfeln. Den Knoblauch pellen. Die Chilischoten putzen, längs aufschneiden, waschen und in dünne Ringe schneiden. Die Tomaten mit kochendem Wasser überbrühen, häuten, entkernen und in kleine Würfel schneiden, dabei die Stielansätze entfernen.

2 Das Schmalz erhitzen. Die Fleischwürfel darin rundherum braun anbraten, dann herausnehmen. In dem verbliebenen Fett die Zwiebelwürfel goldbraun braten, dann die Paprikaschote hinzufügen und 2–3 Min. unter Rühren mitbraten, die Chilischoten hinzufügen, den Knoblauch dazupressen. Alles unter Rühren 1 Min. braten.

3 Die Tomatenstücke und das Fleisch in den Topf geben, salzen und pfeffern. Das Bier dazugießen. Kreuzkümmel und Oregano unterrühren. Alles aufkochen lassen, dann zugedeckt bei schwacher Hitze 50 Min. köcheln lassen. Das Fleisch soll sehr weich und die Sauce ziemlich eingedickt sein.

4 Den Koriander waschen und die Blättchen fein hacken. Kurz vor dem Servieren über das Gericht streuen. Reis oder Kartoffeln dazu reichen.

Hähnchen mit Kartoffeln und Mais

Pollo con papas

- Gelingt leicht
- Braucht etwas Zeit

Für 4–6 Personen:

1 Hähnchen (etwa 1,4 kg)
Salz
2 Zwiebeln
2 frische grüne oder rote Chilischoten
400 g mehligkochende Kartoffeln
3 EL Öl
2 EL Butter
weißer Pfeffer
1/2 l Hühnerbrühe
2 Maiskolben
400 g festkochende Kartoffeln (möglichst gelbfleischig, z.B. Hansa)
3 EL Kapern
3 EL Sahne

Zubereitungszeit: 1 1/2 Std.

Bei 6 Personen pro Portion ca.:
1870 kJ / 450 kcal
40 g EW / 20 g F / 26 g KH

1 Das Hähnchen in 4–6 Stücke teilen und mit Salz einreiben. Die Zwiebeln pellen und fein würfeln. Die Chilischoten putzen, längs aufschneiden, waschen und in dünne Ringe schneiden. Die mehligkochenden Kartoffeln schälen, abspülen und in sehr dünne Scheiben schneiden.

2 Das Öl und die Butter in einem großen Topf erhitzen. Die Hähnchenstücke darin, eventuell portionsweise, von allen Seiten goldbraun braten, dann herausnehmen. In dem verbliebenen Fett die Zwiebelwürfel ebenfalls goldbraun braten, die Kartoffelscheiben hinzufügen und kurz mitbraten.

3 Die Hähnchenstücke mit den Chilischoten wieder in den Topf geben und mit weißem Pfeffer würzen. Die Hühnerbrühe angießen. Alles zum Kochen bringen und 25 Min. bei schwacher Hitze halb zugedeckt köcheln lassen.

4 Die Maiskolben in etwa 3 cm breite Stücke schneiden. Die festkochenden Kartoffeln schälen, längs halbieren und in die Sauce legen. Die Maiskolbenstücke ebenfalls hinzufügen. Alles weitere 20 Min. köcheln lassen.

5 Hähnchenstücke, Mais und festkochende Kartoffeln aus dem Topf nehmen. Die Sauce durch ein Sieb streichen oder pürieren. Hähnchen, Mais und Kartoffeln wieder in die Sauce legen und eventuell nachsalzen. Kapern und Sahne hinzufügen und alles erhitzen.

TIP!

Dazu paßt Avocadosauce. Dafür 1 große, reife Avocado mit einer Gabel zerdrücken und mit 1 feingehackten hartgekochten Ei, 1 geriebenen Zwiebel, 1 feingehackten grünen Chilischote, Salz, Pfeffer und 1 EL Weißweinessig verrühren.
Falls Sie keine Maiskolben bekommen sollten, können Sie 1 kleine Dose Maiskörner verwenden. Diese dann abtropfen lassen und erst am Schluß unter das Gericht mischen.

Im Bild oben: Hähnchen mit Kartoffeln und Mais
Im Bild unten: Schweineragout

Knusprige Fleischwürfel

Fritada

● Raffiniert
● Preiswert

Fritada gehört zu den Klassikern in Ecuador. Sie wird meist an Imbißständen am Straßenrand angeboten. Das Fleisch wird in sogenannten »pailas«, das sind Messingtöpfe mit Henkeln, auf offenem Feuer gegart. Wer es gerne scharf mag, kann ein paar Tropfen Tabasco oder Chilisauce (fertig gekauft) dazugeben.

Für 4 Personen:

800 g nicht zu mageres Schweinefleisch (Nacken, Brust)
Salz
schwarzer Pfeffer
1 Zwiebel
2 Knoblauchzehen
1 EL Achiotepulver
1–2 EL Schweineschmalz

Zubereitungszeit: 1 1/2 Std.

Pro Portion ca.: 1570 kJ/380 kcal
31 g EW/26 g F/2 g KH

1 Das Fleisch in etwa 3 cm große Würfel schneiden und mit Salz und Pfeffer einreiben. Zwiebel und Knoblauch pellen und quer halbieren.

2 Das Fleisch in einen schweren, möglichst guß-eisernen Topf geben und mit etwa 1/2 l Wasser knapp bedecken. Zugedeckt aufkochen lassen, dann abschäumen. Zwiebel, Knoblauch, Achiotepulver und Schweineschmalz hinzufügen und alles offen unter häufigem, später ständigem Rühren fast ganz trocken braten. Es soll so gut wie keine Flüssigkeit mehr im Topf sein.

3 Die Fleischwürfel in eine vorgewärmte Schüssel geben und mit Kartoffelpuffern (Seite 52), Avocadoscheiben und Salat servieren.

Fleischtopf mit Gemüse

Sancocho

● Gelingt leicht
● Braucht etwas Zeit

Sancocho ist überall in den Anden beliebt. Die Gemüsesorten können Sie je nach Saison austauschen, Kartoffeln, Yucca und Süßkartoffeln sollten aber immer dabeisein. In manchen Gegenden werden noch Kochbananenstücke hinzugefügt.

Für 4–6 Personen:

1 l Fleischbrühe (Instant)
400 g Rinderbrust
2 Maiskolben (ersatzweise 1 kleine Dose Maiskörner, Inhalt 370 g)
200 g Möhren
1 grüne Paprikaschote
1 rote Paprikaschote
200 g Kartoffeln
200 g Süßkartoffeln
200 g Yucca
1 kleine Dose weiße Bohnen (Inhalt 400 g)
Salz · Pfeffer
1 Bund Petersilie

Zubereitungszeit: 2 Std.

Bei 6 Personen pro Portion ca.: 1890 kJ/450 kcal 27 g EW/21 g F/42 g KH

1 Die Brühe erhitzen. Das Fleisch in die kochende Brühe geben, die Hitze reduzieren und das Fleisch 1 1/4 Std. bei schwacher Hitze garen, den Deckel dabei einen Spaltbreit offenlassen.

2 Inzwischen die Maiskolben in etwa 2 cm breite Scheiben schneiden. (Maiskörner aus der Dose abtropfen lassen.) Die Möhren schälen und in etwa 1 cm dicke Scheiben schneiden. Die Paprikaschoten putzen, halbieren und waschen. Dann in etwa 1/2 cm große Würfel schneiden. Kartoffeln, Süßkartoffeln und Yucca waschen, schälen und in 1–2 cm große Stücke schneiden. Die Bohnen abtropfen lassen.

3 30 Min. vor Ende der Garzeit Maiskolbenstücke, Kartoffeln, Süßkartoffeln und Yucca in die Suppe geben. 5 Min. vor Ende der Garzeit die Paprikaschoten und die Bohnen hinzufügen. (Falls Sie Maiskörner verwenden, diese ebenfalls erst jetzt dazugeben.) Die Petersilie waschen. Die Blättchen abzupfen und fein hacken.

4 Wenn das Fleisch gar ist, dieses herausnehmen und in etwa 2 cm große Würfel schneiden. Dann wieder in den Eintopf geben, mit Salz und Pfeffer abschmecken. Vor dem Servieren mit der Petersilie bestreuen.

Rindfleisch aus Caracas

Pabellón caraqueño

- Gelingt leicht
- Gut vorzubereiten

»Pabellón caraqueño«
heißt wörtlich übersetzt
»Flagge von Caracas«. Und
wie die verschiedenen
Farben einer Flagge wer-
den die Zutaten bei
diesem Gericht angeord-
net: Man häuft weißen
gekochten Reis auf eine
Platte und legt pro Person
1 Spiegelei darauf. Um
den Reis herum ordnet
man das gebratene
Fleisch, die Bohnen und
die Kochbananen an.

Für 4–6 Personen:

700 g mageres Rindfleisch (Brust oder Hüfte)
1 l Fleischbrühe (Instant)
2 Tomaten
1 Zwiebel
1 Knoblauchzehe
3 EL Olivenöl
Salz

Zubereitungszeit: 2 1/2 Std.

Bei 6 Personen pro Portion ca.:
1790 kJ/430 kcal
29 g EW/32 g F/4 g KH

1 Das Rindfleisch in
2–3 Stücke schneiden. Die
Brühe zum Kochen brin-
gen. Das Fleisch hinein-
geben, dann bei schwa-
cher Hitze in 1 1/2–2 Std.
sehr weich köcheln lassen,
dabei den Deckel einen
Spaltbreit offen lassen.

Das Fleisch herausnehmen
und abkühlen lassen, die
Brühe anderweitig ver-
wenden.

2 Die Tomaten mit ko-
chendem Wasser über-
brühen, häuten, entkernen
und in etwa 1 cm große
Würfel schneiden, dabei
die Stielansätze entfer-
nen. Die Zwiebel pellen
und klein würfeln. Den
Knoblauch pellen.

3 Das abgekühlte Fleisch
mit den Händen in feinste
Fasern zerpflücken. Die
Fasern sollen etwa 3 cm
lang sein.

4 Das Öl in einer Pfanne
erhitzen. Die Zwiebelwür-
fel darin weich dünsten,
aber nicht braun werden
lassen. Die Fleischfasern
und die Tomaten hinzu-
fügen, den Knoblauch
dazupressen. Alles unter
Rühren etwa 10–15 Min.
bei mittlerer Hitze braten,
bis das Fleisch ganz
trocken geworden ist. Mit
Salz abschmecken.
Dazu reicht man traditi-
onell Schwarze Bohnen
(Seite 49), weißen Reis,
Spiegeleier und gebra-
tene, reife Kochbananen.

Chilenischer Fleischtopf

Charquicán

- Raffiniert
- Braucht etwas Zeit

Für 4–6 Personen:

600 g mageres Rindfleisch (Schulter oder Hüfte)
1 Zwiebel
2 Knoblauchzehen
3 EL Schweineschmalz
Salz
schwarzer Pfeffer
1 TL Kreuzkümmel
1 TL getrockneter Oregano
2–3 getrocknete Chilischoten
1/4 l Hühnerbrühe (Instant)
3 Eier
1 rote Paprikaschote
2 Möhren
150 g grüne Bohnen
2 Tomaten
1 Maiskolben (ersatzweise 1 kleine Dose Maiskörner, Inhalt 370 g)
600 g Kartoffeln
100 g grüne Erbsen (tiefgekühlt oder aus der Dose)

Zubereitungszeit: 2 1/2 Std.

Bei 6 Personen pro Portion ca.:
2110 kJ/500 kcal
27 g EW/32 g F/27 g KH

1 Das Fleisch in etwa
1 cm große Würfel
schneiden. Die Zwiebel
pellen und klein würfeln.
Den Knoblauch pellen.

2 In einem großen Topf
das Schmalz erhitzen und
die Fleischwürfel darin
portionsweise bei starker

Hitze anbraten, dann her-
ausnehmen und beiseite
stellen. Im verbliebenen
Fett die Zwiebelwürfel
goldbraun braten. Dann
den Knoblauch dazupres-
sen und kurz mitbraten.

3 Das Fleisch wieder in
den Topf geben. Mit Salz,
Pfeffer, Kreuzkümmel und
Oregano würzen. Die
Chilischoten darüber
zerkrümeln. Die Hühner-
brühe angießen. Das
Fleisch zugedeckt bei
schwacher Hitze 1 Std.
köcheln lassen.

4 Die Eier in 10 Min. hart
kochen, dann abgießen
und kalt abschrecken. Den
Grill des Backofens oder
einen Elektrogrill auf
höchster Stufe vorheizen.
Die Paprikaschote putzen,
halbieren und waschen.
Dann trockentupfen. Die
Schotenhälften unter den
Grill legen, bis die Haut
dunkel wird und Blasen
wirft. Herausnehmen und
kurz mit einem feuchten
Tuch bedecken. Dann die
Haut abziehen und die
Schotenhälften in schma-
le Streifen schneiden.

5 Die Möhren schälen
und in etwa 1/2 cm dicke
Scheiben schneiden. Die
grünen Bohnen putzen

und waschen. Die Tomaten mit kochendem Wasser überbrühen, häuten, entkernen und in kleine Würfel schneiden, dabei die Stielansätze entfernen. Den Maiskolben waschen und in etwa 3 cm breite Stücke schneiden. Die Kartoffeln schälen, waschen und vierteln.

6 Kartoffeln, Möhren, Bohnen, Tomaten und Maiskolbenstücke zum Fleisch geben. Zugedeckt weitere 20 Min. garen. Falls die Flüssigkeit zu sehr einkocht, etwas Wasser oder Brühe angießen.

7 Die Eier pellen und halbieren. Erbsen (und eventuell Maiskörner) aus der Dose abtropfen lassen. 5 Min. vor Ende der Garzeit mit den Paprikastreifen hinzufügen. Mit Salz abschmecken. Jede Portion mit 1–2 Eihälften garnieren.

Im Bild oben: Rindfleisch aus Caracas
Im Bild unten: Chilenischer Fleischtopf

Kutteln in Erdnußsauce

Chupe de guatita

● Raffiniert
● Preiswert

Dieses Gericht ist in Ecuador sehr beliebt und wird vor allem in den Restaurants, in denen überwiegend Einheimische verkehren, serviert.

Für 4–6 Personen:

1 Zwiebel
2 rote Chilischoten
1 grüne Paprikaschote
2 Tomaten
4 Knoblauchzehen
100 g frische Erdnüsse (ohne Schale gewogen)
800 g gekochte Kutteln
2 EL Schweineschmalz oder Achioteöl
700 ml Fleischbrühe (Instant)
Salz
Pfeffer
1 Bund Koriandergrün

Zubereitungszeit: 50 Min.

Bei 6 Personen pro Portion ca.:
1360 kJ/320 kcal
30 g EW/19 g F/9 g KH

1 Die Zwiebel pellen und klein würfeln. Die Chilischoten putzen, längs aufschneiden, waschen und in dünne Streifen schneiden. Die Paprikaschote halbieren, putzen, waschen und klein würfeln. Die Tomaten mit kochendem Wasser überbrühen, häuten und entkernen, dabei die Stielansätze entfernen. Den Knoblauch pellen. Die Erdnüsse mahlen. Die Kutteln in feine Streifen schneiden.

2 Das Fett in einem Topf erhitzen und die Zwiebelwürfel darin unter Rühren bei mittlerer Hitze goldbraun braten. Chilischoten, Paprika und Tomaten hinzufügen, den Knoblauch dazupressen und alles unter Rühren weitere 2–3 Min. braten.

3 Die Kutteln in den Topf geben. Mit der Fleischbrühe auffüllen, die Erdnüsse hinzufügen, salzen und pfeffern. Alles zugedeckt bei schwacher Hitze 30 Min. köcheln lassen.

4 Kurz vor dem Servieren das Koriandergrün waschen. Die Blättchen abzupfen, fein hacken und in die Suppe rühren.

VARIANTE

Ersetzen Sie die Paprikaschote durch 1 Tomate und fügen Sie noch 2 in Scheibchen geschnittene Möhren hinzu. Statt der Nüsse geben Sie mit den Kutteln 4 geschälte, geviertelte Kartoffeln in den Topf. Das Koriandergrün weglassen und das Gericht mit geriebenem Parmesan bestreuen.

Lammragout

Seco de cordero

● Braucht etwas Zeit
● Raffiniert

Für 4–6 Personen:

1 kg Lammfleisch (Keule)
4 Knoblauchzehen
Salz
1 EL Kreuzkümmel
1 TL schwarzer Pfeffer
50 ml Rotweinessig
5–6 EL Olivenöl
3 große Zwiebeln
3 frische rote Chilischoten
150 ml Lammfond (aus dem Glas; ersatzweise Fleischbrühe)
150 ml helles Bier (ersatzweise Lammfond)
4 große Kartoffeln

Zubereitungszeit: 2 Std.
Marinierzeit: 2–3 Std.

Bei 6 Personen pro Portion ca.:
1720 kJ/410 kcal
26 g EW/25 g F/18 g KH

1 Das Fleisch in etwa 2 cm große Stücke schneiden. Die Knoblauchzehen pellen und in eine kleine Schüssel pressen. Mit Salz, Kreuzkümmel, Pfeffer, Essig und 2 EL Öl verrühren und über die Fleischwürfel gießen. Alles gründlich vermischen und zugedeckt 2–3 Std. marinieren.

2 Die Zwiebeln pellen und klein würfeln. Die Chilischoten putzen, längs aufschneiden, waschen und fein hacken.

3 Das restliche Olivenöl erhitzen und die Fleischwürfel mit der Marinade darin portionsweise braun anbraten, dann herausnehmen. In dem verbliebenen Fett die Zwiebelwürfel bei mittlerer Hitze braun braten, dann das Fleisch wieder in den Topf geben. Lammfond, Bier und Chilischoten hinzufügen und alles halb zugedeckt 1–1 1/4 Std. bei schwacher Hitze köcheln lassen.

4 Die Kartoffeln schälen und halbieren. 20 Min. vor Ende der Garzeit zum Fleisch geben. Eventuell nachsalzen.

VARIANTE

10–12 gepellte Knoblauchzehen mit 3 roten, entkernten Chilischoten und 3 EL Koriandergrün pürieren. In einer Pfanne 2 gehackte Zwiebeln in etwas Öl braun braten, dann die Gewürzmischung und 1 kg magere Lammfleischwürfel hinzufügen und alles 5 Min. unter Rühren braten, salzen. 200 ml Lammfond und 150 ml Bitterorangensaft hinzufügen und zugedeckt etwa 1 1/4 Std. köcheln. 20 Min. vor Ende der Garzeit 2–3 geschälte, halbierte Kartoffeln und 200 g frische grüne Erbsen hinzufügen.

Rund um Südamerika sind die Gewässer sehr fischreich, aber auch Flüsse, Bäche und Seen liefern der Bevölkerung schmackhaften und gesunden Fisch. Dank des kalten Humboldtstroms an den Küsten Chiles und Perus verfügen diese beiden Länder über die feinsten Fische und Meeresfrüchte. Voraussetzung für das Gelingen eines Fischgerichtes sind immer die Qualität und die Frische des Produkts. Folgende Frischemerkmale sind einfach zu beobachten: Die Haut soll glänzen und keine Druckstellen aufweisen, ein leichter Schleimfilm auf der Haut ist ebenfalls ein Zeichen für Frische. Die Flossen sollen gut erhalten sein. Die Augen fangfrischer Fische sind klar und nicht eingesunken oder vertrocknet. Die Kiemen müssen leuchtend rot, die einzelnen Kiemenblättchen klar und ganz deutlich zu erkennen sein. Hinter dem Kiemendeckel läßt sich auch der Geruch des Fisches am besten wahrnehmen. Ein frischer Fisch hat keinen ausgeprägten Geruch – und schon gar keinen »fischigen«. Schließlich soll die Bauchhöhle ausgenommener Fische sauber und geruchlos sein. Wer sich nicht sicher ist, ein wirklich frisches Exemplar vor sich zu haben, kann ohne weiteres auf Tiefkühlware zurückgreifen. Denn diese Fische werden gleich nach dem Fang auf See ausgenommen und schockgefroren. Sie sind auf jeden Fall besser als solche, die tagelang auf Eis transportiert wurden.

Die südamerikanische Küche ist reich an Fischen und Meeresfrüchten aus Meeren, Seen und Flüssen.

Fisch und Meeresfrüchte

Meeraal

Dieser Fisch, der hauptsächlich vor der chilenischen Küste gefangen wird, ist einer der besten Speisefische Südamerikas. Er kann bis zu 3 m lang und bis zu 65 kg schwer werden und kommt auch in europäischen Gewässern vor. Sein Fleisch ist weiß und fest, im Schwanzbereich jedoch ziemlich grätenreich. Mit 5 % Fettgehalt erreicht er nicht einmal ein Viertel des Fettgehalts eines Flußaales. Trotzdem eignen sich vor allem kleinere Exemplare auch zum Räuchern. Wenn Sie keinen Meeraal bekommen, wäre ein Seeteufel oder Rotbarsch ein annehmbarer Ersatz.

Stockfisch

Stockfisch ist in ganz Lateinamerika sehr beliebt. Es handelt sich dabei um gesalzenen oder getrockneten Kabeljau, der fast immer aus Norwegen kommt. Gesalzener Kabeljau wird auch »Klippfisch« genannt, heute hat sich aber die Bezeichnung Stockfisch eher eingebürgert. Gesalzener Stockfisch ist preiswerter und weicher als der wirklich »stockharte«, der nicht gesalzen, sondern nur getrocknet wird. Welchen Stockfisch man vorzieht, ist allein persönliche Geschmackssache. In Südamerika wird meist der gesalzene angeboten. Stockfisch sollten Sie vor seiner Zubereitung 2–3 Tage in kaltem Wasser einweichen und das Wasser täglich wechseln, damit das Salz ausgewaschen wird. Danach wird er sorgfältig entgrätet und gehäutet. Übrigens läßt sich jedes Fischrezept auch mit Stockfisch zubereiten, sogar roh – nur eingeweicht – ist er eine Delikatesse.

Thunfisch

Thunfische sind in allen Weltmeeren verbreitet und werden auch rund um die südamerikanischen Küsten gefangen. Es gibt roten und weißen Thunfisch. Weißer Thunfisch ist besonders begehrt. Dem Thunfisch in Form und Geschmack ähnlich sind Bonitos, die besonders häufig an der Pazifikküste vorkommen. Thunfische und Bonitos sieht man auf Fischmärkten oft quer halbiert. Ihr festes aromatisches Fleisch läßt sich, in Scheiben geschnitten, gut grillen oder braten, aber auch für Ragouts verwenden.

Meeresfrüchte

»Früchte des Meeres« sind alle Schal- und Krustentiere, also z. B. Langusten, Garnelen und Muscheln. Sie alle kommen in den südamerikanischen Gewässern reichlich vor. Besonders beliebt sind Garnelen und Krabben. In den Garküchen und Imbißständen an den Küsten werden sie meist gegrillt und dann mit einer pikanten oder scharfen Sauce serviert. Garnelen kommen zu uns meist tiefgefroren, oft schon ohne Kopf. Vor dem Zubereiten muß aber noch der schwarze Darm entfernt werden, der oben am Rücken verläuft.

Selbstgemachte Fischbrühe

1 kg Fischköpfe und -gräten von Weißfischen (Seezunge, Steinbutt, Scholle, Zander, Seeteufel) grob zerkleinern. Unter fließendem Wasser gründlich abspülen und abtropfen lassen, Kiemen entfernen. 60 g Butter erhitzen. Die Karkassen darin 3–4 Min. anschwitzen. 1 Zwiebel pellen und vierteln. 1 Stange Lauch waschen, die grünen Blätter entfernen. Zwiebel und Lauch zu den Karkassen geben. 1/2 l Weißwein und 2 l kaltes Wasser hinzufügen. 1 Lorbeerblatt und 1 TL weiße Pfefferkörner dazugeben. Alles aufkochen, dann 20–30 Min. bei schwacher Hitze leise sieden lassen. Den aufsteigenden Schaum immer wieder abschöpfen. Die Brühe durch ein Tuch passieren. Wenn Sie die Brühe auf etwa 350 ml einkochen lassen, erhalten Sie Fischfond.

Meeraal ist mit knapp 5% Fett wesentlich kalorienärmer als ein Flußaal.

Fischtopf

Cocido de pescado

● Gut vorzubereiten
● Gelingt leicht

Für 4 Personen:

2 Zwiebeln
4 Knoblauchzehen
4 Tomaten
2 rote Chilischoten
2 EL Achioteöl
1 TL Oregano
Salz
weißer Pfeffer
500 g feste, weiße
Fischfilets (z. B. Seeteufel
oder Rotbarsch)
2 EL Erdnußöl
Saft von 1 Zitrone
150 ml Fischfond (aus
dem Glas)

Zubereitungszeit: 50 Min.

Pro Portion ca.: 980 kJ/230 kcal
27 g EW/8 g F/14 g KH

1 Die Zwiebeln pellen
und in dünne Ringe
schneiden. Den Knoblauch
pellen und durchpressen.
Die Tomaten mit kochen-
dem Wasser überbrühen,
häuten und ohne Stielan-
sätze in dünne Scheiben
schneiden. Die Chilischo-
ten putzen, längs auf-
schneiden, waschen und
in sehr feine Streifen
schneiden.

2 Den Backofen auf 200°
vorheizen. Eine ofenfeste
Form mit Deckel mit dem
Achioteöl ausstreichen.
Die Hälfte der Zwiebeln
auf dem Boden der Form
verteilen. Darauf je die
Hälfte von Knoblauch, To-
maten, Chilischoten und
Oregano geben. Mit Salz
und Pfeffer würzen. Die
Fischfilets darauf legen,
ebenfalls salzen und
pfeffern. Die andere Häl-
te der Zutaten darüber
verteilen, mit Salz und
Pfeffer würzen.

3 Das Erdnußöl, den Zi-
tronensaft und den Fisch-
fond verrühren. Den
Fischtopf damit begießen.
Im Backofen (Mitte,
Umluft 180°) zugedeckt
20–30 Min. garen. Mit
Reis servieren.

VARIANTE

4 Fischfilets in eine geölte
feuerfeste Form legen.
10 Knoblauchzehen durch-
pressen und in 3 EL Olivenöl
anschwitzen. 1 EL Mehl und
60 g gemahlene Haselnüsse
sowie 1 Bund Frühlingszwie-
beln, in 1 cm dicke Scheibchen geschnitten, hinzufügen.
Mit 1/4 l Milch auffüllen, salzen, pfeffern und 3–4 ge-
trocknete Chilischoten darüber zerkrümeln. Diese Sauce
über die Fischfilets gießen.
Die Filets mit 2 EL zerlassener
Butter beträufeln und im
Backofen 25 Min. garen.

Thunfischragout

Guiso de atún

● Raffiniert
● Gelingt leicht

Für 4–6 Personen:

2 Zwiebeln
2 rote Chilischoten
4 Knoblauchzehen
500 g Kartoffeln
2 grüne Paprikaschoten
4 Thunfischkoteletts
(etwa 800 g)
Salz
weißer Pfeffer
3–4 EL Mehl
4 EL Olivenöl
2–3 Stengel Thymian

Zubereitungszeit: 1 Std.

Bei 6 Personen pro Portion ca.:
1350 kJ/320 kcal
34 g EW/12 g F/19 g KH

1 Die Zwiebeln pellen und klein würfeln. Die Chilischoten putzen, längs aufschneiden, waschen und in dünne Streifen schneiden. Den Knoblauch pellen. Die Kartoffeln schälen, waschen und in etwa 2 cm große Stücke schneiden. Die Paprikaschoten waschen und ebenfalls in etwa 2 cm große Stücke schneiden.

2 Den Fisch salzen und pfeffern und in dem Mehl wenden. Das Öl erhitzen und die Fischstücke darin von beiden Seiten goldbraun braten, dann herausnehmen.

3 In dem verbliebenen Öl die Zwiebelwürfel hellbraun braten. Die Kartoffelwürfel hinzufügen und unter Wenden 4–5 Min. mitbraten. Die Chili- und die Paprikaschoten hinzufügen, salzen.

4 Etwa 1/4 l Wasser angießen (das Gemüse soll knapp bedeckt sein). Den Thymian waschen und hinzufügen. Alles zugedeckt bei schwacher Hitze 20 Min. köcheln lassen.

5 Die Fischkoteletts in die Sauce legen und weitere 10 Min. köcheln lassen. Vor dem Servieren die Thymianstengel entfernen. Die Koteletts nach Belieben in mundgerechte Stücke schneiden.

VARIANTE

Thunfisch mit Sardellen
1 gewürfelte Zwiebel und 2 durchgepreßte Knoblauchzehen in Olivenöl anbraten. 6–8 Sardellenfilets und 1 gewürfelte Chilischote hinzufügen und unter Rühren braten, bis sich die Sardellen aufgelöst haben. Dann 1/2 l helles Bier angießen. Salz, Pfeffer und 1 EL Zitronensaft hinzufügen. Die Koteletts in der Sauce auf jeder Seite 4–5 Min. köcheln lassen.

Fischsuppe mit Gemüse

Sopa de pescado con verduras

🔵 Gelingt leicht
🟢 Raffiniert

Für 4 Personen:

1 Zwiebel · 2 Tomaten
2 frische rote Chilischoten
250 g Kartoffeln
250 g Süßkartoffeln
400 g Kürbis
1 reife Kochbanane (etwa 200 g)
3/4 l Fischbrühe (Seite 31)
2 Knoblauchzehen
500 g Fischfilet (Rotbarsch oder Kabeljau)
2 EL Butter
Salz · weißer Pfeffer
1 TL Kreuzkümmel
1 EL Worcestersauce
4 EL Zitronensaft

Zubereitungszeit: 1 Std.

Pro Portion ca.: 1710 kJ/410 kcal
29 g EW/12 g F/41 g KH

1 Die Zwiebel pellen und fein würfeln. Die Tomaten mit kochendem Wasser überbrühen, häuten, entkernen und in 1/2 cm große Stückchen schneiden, dabei die Stielansätze entfernen. Die Chilischoten putzen, längs aufschneiden, waschen und in dünne Streifen schneiden.

2 Kartoffeln und Süßkartoffeln waschen, schälen und in etwa 1 cm große Würfel schneiden. Den Kürbis schälen, Fa-sern und Kerne entfernen. Das Fruchtfleisch kleinschneiden. Die Banane mit einem Messer schälen, längs halbieren und in etwa 1 cm breite Scheibchen schneiden.

3 Die Fischbrühe in einen Topf gießen und alle vorbereiteten Zutaten hinzufügen. Den Knoblauch schälen und dazupressen. Alles bei schwacher Hitze zugedeckt 15 Min. köcheln lassen.

4 Das Fischfilet in etwa 3 cm große Stücke schneiden. Die Butter zerlassen. Die Fischstücke darin von beiden Seiten goldbraun braten, dann in die Suppe geben. Mit Salz, Pfeffer, Kreuzkümmel, Worcestersauce und Zitronensaft würzen.

VARIANTE

An der Küste wird diese Suppe oft mit Kokosmilch gekocht, dadurch wird sie gehaltvoller. Wenn Sie keine Kokosmilch bekommen, lösen Sie etwa 60 g Kokoskonzentrat (aus der Dose oder vom Block) in der Suppe auf. Gut schmeckt es, wenn Sie noch Stückchen von Yucca oder Yamswurzel hinzufügen, dann sollten Sie die Flüssigkeitsmenge entsprechend erhöhen.

Stockfisch in Kokosmilch

Bacalhao con leite coco

● Gelingt leicht
● Preiswert

Für 4–6 Personen:

Für den Stockfisch:
750 g gesalzener
Stockfisch
2 große Zwiebeln
4 Tomaten
3 Knoblauchzehen
3 Kartoffeln
2 EL Olivenöl
Salz
1/2 l Kokosmilch (aus der
Dose; selbstgemacht
Seite 55)
2 EL gehackte Petersilie
2 EL gehackter
Schnittlauch
2 EL gehacktes
Koriandergrün
Zum Garnieren:
2 Tomaten
1 unbehandelte Zitrone
einige Korianderblättchen
6 EL Palmöl (Latein-
amerikaladen)

Einweichzeit: 2–3 Tage
Zubereitungszeit: 1 1/4 Std.

Bei 6 Personen pro Portion ca.:
2170 kJ/520 kcal
40 g EW/32 g F/22 g KH

1 Stockfisch 2–3 Tage
wässern, das Wasser dabei
jeden Tag erneuern.

2 Die Zwiebeln pellen
und reiben oder pürieren.
Die Tomaten mit kochen-
dem Wasser überbrühen,
häuten, vierteln und ent-
kernen, dabei die Stielansätze entfernen. Den

Knoblauch pellen. Die
Kartoffeln schälen, wa-
schen und vierteln.

3 Das Olivenöl in einem
Topf erhitzen. Das Zwie-
belpüree darin bei mitt-
lerer Hitze 2 Min. dün-
sten. Tomaten und Kar-
toffeln hinzufügen, den
Knoblauch dazupressen
und alles salzen. Die Ko-
kosmilch angießen. Alles
zugedeckt bei schwacher
Hitze 25 Min. dünsten.

4 Inzwischen den Fisch
von Haut und Gräten
befreien und in etwa 2 cm
große Stücke schneiden.
Den Stockfisch und die
Kräuter in den Topf geben.
Alles offen bei mittlerer
Hitze weitere 10 Min.
köcheln lassen, dabei ab
und zu umrühren.

5 Den Stockfisch mit der
Sauce in eine Schüssel
füllen und warm stellen.
Zum Garnieren die Toma-
ten waschen und in Schei-
ben schneiden, dabei die
Stielansätze entfernen.
Die Zitrone waschen, ab-
trocknen und achteln. Den
Stockfisch mit Tomaten-
scheiben, Zitronenachteln
und Korianderblättchen
garnieren und das Palmöl
darüber träufeln.

Forellen in Kokosmilch

Truchas en leche de coco

- Sehr scharf
- Raffiniert

Für 4 Personen:

4 Forellen (oder andere Süßwasserfische, küchen-fertig vorbereitet)

Salz

weißer Pfeffer

1 Zwiebel

1 EL Öl

3–4 Tomaten

4–6 frische rote Chilischoten

300 ml Kokosmilch (aus der Dose; selbstgemacht Seite 55)

nach Belieben Limetten-spalten zum Garnieren

Zubereitungszeit: 35 Min.

Pro Portion ca.: 2020 kJ/480 kcal
37 g EW/31 g F/17 g KH

1 Die Forellen innen und außen salzen, pfeffern und in eine ofenfeste Form legen. Die Zwiebel pellen und in dünne Ringe schneiden. Das Öl erhitzen und die Zwiebel darin hellbraun braten. Den Ofen auf 175° vorheizen.

2 Die Tomaten waschen und in etwa 1/2 cm dicke Scheiben schneiden, dabei die Stielansätze entfer-nen. Zwiebelringe und Tomatenscheiben auf die Fische legen. Die ganzen Chilischoten waschen und darüber verteilen, dann die Kokosmilch darüber gießen.

3 Die Forellen im heißen Backofen (Mitte, Umluft 150°) 15–20 Min. garen. Nach Belieben mit Limet-tenspalten garnieren. Mit Reis servieren.

Fisch in Essigsauce

Pescado con vinagre

- Gelingt leicht
- Sehr scharf

Für 4 Personen:

3 Zwiebeln

2 frische grüne Chilischoten

2 frische rote Chilischoten

7 EL Olivenöl

1 Bund frischer Oregano (ersatzweise 1–2 TL getrockneter)

4 EL Weißweinessig

Salz

1 TL Zucker

800 g Fischfilet (Heilbutt oder Seeteufel)

Zubereitungszeit: 50 Min.

Pro Portion ca.: 1650 kJ/400 kcal
43 g EW/19 g F/10 g KH

1 Die Zwiebeln pellen und in sehr dünne Ringe schneiden. Die Chili-schoten putzen, längs aufschneiden, waschen und in dünne Streifen schneiden. 4 EL Öl erhit-zen und die Zwiebelringe darin unter Rühren bei mittlerer Hitze in 20 Min. goldgelb braten, dann die Chilischoten hinzufügen und 2–3 Min. mitbraten.

2 Den Oregano waschen. Die Blättchen abzupfen und fein hacken. Zu den Zwiebelringen in die Pfanne geben. Essig, Salz und Zucker hinzufügen und alles 1 Min. leise köcheln lassen.

3 Die Fischfilets salzen. In einer zweiten Pfanne 3 EL Öl erhitzen. Die Fischfilets darin von beiden Seiten goldbraun braten. Auf Tellern anrichten und mit der Sauce übergießen. Dazu paßt Reis.

Fisch mit Koriander

Pescado con cilantro

● Gelingt leicht
● Schnell

Für 4 Personen:

800 g Fischfilet (Rotbarsch oder Kabeljau)
Salz
4–6 EL Öl
Saft von 2 Limetten
1 Bund Koriandergrün
1 Limette zum Garnieren

Zubereitungszeit: 20 Min.

Pro Portion ca.: 1130 kJ/270 kcal
36 g EW/12g F/2 g KH

1 Die Fischfilets salzen. Das Öl erhitzen. Die Fischfilets darin von beiden Seiten hellbraun braten.

2 Den Limettensaft darüber träufeln und die Filets darin 2–3 Min. von jeder Seite garen.

3 Den Koriander waschen. Die Blättchen von den Stielen zupfen und fein hacken. Die Limette waschen, abtrocknen und achteln.

4 Die Fischfilets auf vorgewärmten Tellern anrichten. Mit dem Koriandergrün bestreuen und mit den Limettenachteln garnieren.
Dazu paßt Reis.

Muschel-ragout

Guiso de mejillones

● Raffiniert
● Preiswert

Für 4 Personen:

1 kg Miesmuscheln
2 Zwiebeln
2 rote Chilischoten
2 Knoblauchzehen
2 EL Olivenöl
250 g Langkornreis
1/4 l Fischbrühe (Seite 31)
1/4 l helles Bier (ersatzweise Fischbrühe)
Salz
150 g Erbsen (tiefgekühlt oder aus der Dose)
1 EL Korianderblättchen

Zubereitungszeit: 1 Std.

Pro Portion ca.: 1970 kJ/470 kcal
23 g EW/8 g F/71 g KH

1 Die Muscheln unter fließendem Wasser gründlich waschen und abbürsten, geöffnete wegwerfen. Die Zwiebeln pellen und fein würfeln. Die Chilischoten putzen, längs aufschneiden, waschen und fein hacken. Den Knoblauch pellen.

2 Das Öl erhitzen. Die Zwiebeln darin hellbraun braten. Die Chilischoten hinzufügen, den Knoblauch dazupressen. Unter Rühren 1–2 Min. braten.

3 Den Reis unterrühren. Fischbrühe und Bier angießen. Alles salzen und zum Kochen bringen. Offen 3 Min. kochen lassen. Dann die Muscheln in den Topf geben und mit dem Reis vermischen. Zugedeckt 20 Min. garen. Erbsen (aus der Dose abtropfen lassen) 5 Min. vor Garzeitende untermischen. Korianderblättchen darüber streuen.

Garnelenragout

Guiso de gambas

● Sehr scharf
● Raffiniert

Für 4 Personen:

6–8 getrocknete Chili-
schoten
900 g Riesengarnelen
(mit Kopf und Schale)
2 EL Öl
2–3 frische rote
Chilischoten
6 Tomaten
4 Knoblauchzehen
3 EL Achioteöl · Salz
1 Prise Zucker
1/2 Bund Koriandergrün

Zubereitungszeit: 2 Std.
Einweichzeit: 2 Std.

Pro Portion ca.: 1760 kJ/420 kcal
50 g EW/14 g F/25 g KH

1 Die getrockneten Chilischoten zerkrümeln.

2 Die Garnelen aus den
Schalen brechen, den Kopf
aber dranlassen. Dann mit
einem spitzen Messer
oder einer Pinzette den
schwarzen Darm aus dem
Rücken ziehen. Das Öl
erhitzen. Die Garnelen-
schalen darin bei starker
Hitze 2–3 Min. braten.

3 Dann mit 800 ml
Wasser ablöschen und
zugedeckt 20 Min. leise
köcheln lassen. Durch ein
Sieb gießen und die Flüs-
sigkeit offen bei mittlerer
Hitze auf etwa 150 ml
einkochen lassen.

4 Die frischen Chilischoten putzen, längs auf-
schneiden, waschen und
in dünne Streifen schnei-
den. Die Tomaten mit
kochendem Wasser über-
brühen. Dann häuten,
entkernen und klein-
schneiden, die Stielan-
sätze entfernen. Den
Knoblauch pellen.

5 Das Achioteöl in einer
Pfanne erhitzen. Die zer-
krümelten, getrockneten
und die frischen Chili-
schoten darin 1 Min. bei
mittlerer Hitze braten.
Den Knoblauch dazu-
pressen und 1 Min. mit-
braten.

6 Die Tomaten und den
Garnelenfond hinzufügen,
mit Salz und Zucker ab-
schmecken. Alles auf-
kochen und 15 Min.
köcheln lassen, bis die
Sauce ziemlich dickflüssig
ist. Die Garnelen in die
kochende Sauce legen
und von jeder Seite 2 Min.
erwärmen.

7 Den Koriander wa-
schen. Die Blättchen von
den Stielen zupfen und
fein hacken. Das fertige
Gericht damit bestreuen
und servieren.
Dazu paßt Reis.

Meeresfrüchte-Topf

Cocido de mariscos

● Gelingt leicht
● Gut vorzubereiten

Für 4 Personen:

1 kg Venusmuscheln (mit
Schale)
1 kg Miesmuscheln (mit
Schale)
300 g rohe Riesengarnelen
(mit Schale, ohne Kopf)
10 EL Olivenöl
1 Zwiebel
1 Möhre
1 Stange Staudensellerie
(etwa 50 g)
1 Stück frischer Ingwer
(etwa walnußgroß)
3 Knoblauchzehen
1/2 Bund Koriandergrün
1 große Dose geschälte
Tomaten (Inhalt 800 g)
1/8 l Weißwein
(ersatzweise Wasser)
Salz · 2 Lorbeerblätter
abgeriebene Schale von
1 unbehandelten Zitrone
1 TL Zucker

Zubereitungszeit: 1 Std.

Pro Portion ca.: 2210 kJ/530 kcal
47 g EW/26 g F/22 g KH

1 Die Muscheln unter
fließendem Wasser
gründlich waschen und
bürsten, geöffnete Mu-
scheln wegwerfen. Die
Garnelen aus den Schalen
brechen. Die Schalen ab-
brausen und abtropfen
lassen.

2 Von dem Olivenöl 2 EL
erhitzen und die Garne-
lenschalen darin unter
Rühren 5 Min. braten, bis
sie rot geworden sind. Mit
1/4 l Wasser ablöschen
und offen 10 Min. köcheln
lassen, dann durch ein
Sieb gießen.

3 Die Zwiebel pellen und
fein würfeln. Die Möhre
schälen, längs vierteln,
dann quer in kleine Stückchen schneiden. Den
Sellerie waschen und in
dünne Scheibchen schnei-
den. Den Ingwer schälen
und fein hacken oder
reiben. Den Knoblauch
pellen. Den Koriander
waschen. Die Blätt-
chen abzupfen und
ebenfalls fein
hacken.

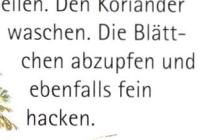

4 Das restliche Öl in einem großen Topf erhitzen. Die Zwiebelwürfel darin hellgelb anschwitzen. Möhre, Sellerie und Ingwer hinzufügen, den Knoblauch dazupressen. Unter Rühren 2–3 Min. braten.

5 Die Tomaten samt Saft, den Wein, die Garnelenbrühe, Salz, Lorbeerblätter, Zitronenschale, Zucker und Koriandergrün hinzufügen und offen bei mittlerer Hitze unter gelegentlichem Rühren in 20 Min. etwas einkochen lassen.

6 Venus- und Miesmuscheln in den Topf geben und zugedeckt 8 Min. garen, dabei zwei- bis dreimal umrühren. Ungeöffnete Muscheln wegwerfen, sie könnten verdorben sein. Die Garnelen hinzufügen und alles weitere 2–3 Min. köcheln lassen.
Dazu paßt frisches Weißbrot.

**Im Bild oben: Meeresfrüchtetopf
Im Bild unten: Garnelenragout**

Fleisch ist für die ärmere Bevölkerung Südamerikas nicht immer erschwinglich, und so wird oft nur Gemüse serviert – das allerdings in phantasievoller Vielfalt.

Kartoffeln

Die »deutsch« anmutende Kartoffel stammt aus dem Andenhochland. Ausgrabungen haben bewiesen, daß die Knolle hier schon vor 8000 Jahren kultiviert wurde und seitdem zum täglichen Speiseplan der Bewohner gehört. Die Quechua-Indianer im heutigen Peru bauen bis zu 200 verschiedene Sorten auf einem einzigen Feld an. Bis heute gibt es auf südamerikanischen Märkten ein weitaus vielfältigeres Kartoffelangebot als bei uns. Weißliche, hellgelbe oder orangerote Exemplare liegen sorgfältig übereinandergestapelt neben rotbraunen, purpurfarbenen, sogar blauen. Eine Sorte ist nach dem Schälen durchsichtig, wieder eine andere kommt weiß und weich daher wie ein Wattebällchen.
Auch Süßkartoffeln sind beliebt. Die bei uns gebräuchlichste sieht unserer Kartoffel äußerlich

sehr ähnlich und hat auch ähnlich hellgelbes, leicht mehliges Fleisch.

Maniok

In ganz Südamerika ist noch eine andere Knolle populär: der Maniok, auch Yucca genannt. Bei vielen Eingeborenen sind Maniokknollen oft das einzige Gericht, das die Woche über auf den Tisch kommt. Auch eine Art Mehl wird aus den Knollen gewonnen, aus dem das »Kassave-Brot« gebacken wird. In Brasilien gehört die *farofa* – das ist in Butter geröstetes Maniokmehl – zu fast jedem Essen. Tapiokamehl wird ebenfalls aus Maniok hergestellt.

Yamswurzeln, Taroknollen, Topinambur

Ähnlich in Geschmack und Verwendung, aber botanisch nicht verwandt, sind Yamswurzeln, Taroknollen und Topinambur. Mittlerweile sind diese exotischen Gemüse auch bei uns erhältlich, auf den Märkten größerer Städte sowieso, aber auch in Spezialitätengeschäften, die sie sogar per Post ins Haus schicken (Adressen siehe Seite 64).

Gemüse und Beilagen

Mais

Wie Maniok und Kartoffeln ist auch Mais ein Grundnahrungsmittel der südamerikanischen Bevölkerung. Meist wird er zusammen mit Bohnen angepflanzt, das spart Platz, weil sich die Bohnenpflanzen an den Maisstauden emporranken. Was den Mais so wertvoll macht, ist die Tatsache, daß die ganze Pflanze verwertbar ist. Die Blätter dienen als Packpapier oder als Hülle für kleine Snacks, die im Dampf gegart werden. Trockene Zweige, Blätter und entkörnte Kolben verwendet man als Brennmaterial. Gewöhnlich werden die Maiskolben von ihren Blätterhüllen befreit und gekocht oder mit den Blättern in Holz-

kohle gegart. Eine simple, jedoch schmackhafte Mahlzeit ist ein frisch gekochter Maiskolben mit frischem, gerade schnittfestem Käse, den man hier leider nicht kaufen kann. Ein guter Ersatz dafür ist aber Mozzarella oder – falls erhältlich – italienischer Tosella. In dicke Scheiben geschnitten gehört Mais auch in Suppen und Eintöpfe. Wenn Sie keine frischen Maiskolben bekommen, können Sie sich mit Maiskörnern aus der Dose behelfen.

Hülsenfrüchte

Weiße, schwarze und rote Bohnen und braune und rote Linsen gehören zu den in Südamerika am meisten verwendeten Hülsenfrüchten. Bohnen

stammen ursprünglich aus Mexico, wo sie schon vor 7000 Jahren angebaut wurden. Es gibt unzählige Bohnenrezepte, von der Suppe über den Eintopf bis hin zu ungewöhnlichen Nachspeisen. Getrocknete Bohnen müssen über Nacht eingeweicht und dann ohne Salz fast gar gekocht werden (mit Salz bleiben sie hart), bevor man sie weiterverarbeitet. Linsen müssen nicht unbedingt eingeweicht werden.

Paprika, Chilischoten und Tomaten

Diese Fruchtgemüse bilden ebenfalls einen Grundpfeiler der südamerikanischen Küche. Beim Paprika unterscheidet man zwischen Gemüsepaprika – das sind

die grünen, gelben oder roten Paprikaschoten – und Gewürzpaprika – das sind die grünen oder roten, länglichen äußerst scharfen Chilischoten, die vielen typischen Gerichten, besonders den peruanischen, erst ihre besondere Note verleihen. Aber Vorsicht! Nach dem Entkernen unbedingt die Hände gründlich waschen und auf keinen Fall an Augen oder andere Schleimhäute kommen, denn die ätherischen Öle brennen höllisch! Sollten Sie keine reifen, aromatischen Tomaten bekommen, können Sie getrost auf geschälte Dosentomaten zurückgreifen. Dies gilt vor allem für Eintöpfe und Ragouts.

Grundnahrungsmittel (von links nach rechts): Linsen, rote Bohnen, Paprika, Tomaten, Yamswurzel, Kartoffeln, Chilischoten, schwarze Bohnen, Mais.

Maispäckchen

Tamales

● Braucht etwas Zeit
● Raffiniert

Tamales sind in ganz Südamerika bekannt und als Zwischenmahlzeit beliebt. Meist werden sie am Straßenrand in Garküchen angeboten. Die Hülle kann auch aus frischen, jungen Bananenblättern bestehen, die man mitessen kann (bei uns sind diese Blätter nicht erhältlich), oder aus Maisblättern, dann heißen sie »humitas«. Die Füllung kann sehr stark variieren und auch Fleisch- oder Fischstückchen enthalten.

Zutaten für 10 Stück:

1 Bananenblatt (etwa 1,20 m lang; ersatzweise Alufolie)
Für die Füllung:
450 g Maismehl (masa harina)
Salz
1 Zwiebel
1 rote Paprikaschote
1 Zucchino
50 g Knollensellerie
2 frische grüne Chilischoten
4 Knoblauchzehen
3 EL Achioteöl
4 EL flüssiges Schweineschmalz

Zubereitungszeit: 3 Std.

Pro Portion ca.: 1000 kJ/240 kcal
4 g EW/9 g F/37 g KH

1 Das Bananenblatt mit einem feuchten Tuch auf beiden Seiten abwischen, am unteren Ende in der Mitte des Nervs 5 cm tief einschneiden, dann vorsichtig längs auseinanderziehen, so daß zwei Hälften entstehen. Daraus 10 Stücke von etwa 20 cm Größe ausschneiden. Übriggebliebene Blattstücke aufbewahren, man braucht sie, um Risse zu überdecken.

2 Über einer offenen Flamme (am besten geeignet ist eine auf klein gestellte Gasflamme, eine

Kerze tut es aber auch) alle Blattstücke hin- und herbewegen, bis die Blätter duften und leicht glänzen.

3 Für die Füllung das Maismehl mit Salz und 700 ml kaltem Wasser zu einem weichen Teig verkneten und beiseite stellen.

4 Inzwischen die Zwiebel pellen und fein würfeln. Die Paprikaschote waschen, halbieren und putzen. Den Zucchino waschen und putzen. Den Sellerie schälen. Alles in kleine Würfel schneiden. Die Chilischoten putzen, längs aufschneiden, waschen und fein hacken. Den Knoblauch pellen und durchpressen.

5 Achioteöl und 1 EL Schmalz in einer Pfanne erhitzen. Die Zwiebelwürfel darin goldbraun braten. Dann Paprika, Zucchino, Sellerie, Chillies und Knoblauch hinzufügen und unter Rühren bei mittlerer Hitze 5 Min. braten.

6 Den beiseite gestellten Teig in einen Topf geben und bei schwacher Hitze 15 Min. rühren, bis die Masse sehr dick ist. Dann das restliche flüssige Schmalz unterkneten.

7 Die Bananenblätter auf einer Arbeitsfläche ausbreiten. Eventuelle Risse mit den übriggebliebenen Blattstücken belegen. Den Teig in 10 Stücke teilen. Diese halbieren und jedes Stück zu einem Rechteck von 5 x 10 cm formen.

8 Jeweils ein Teigstück auf ein Blatt legen. Eine Portion Gemüse darauf verteilen, ein anderes Teigstück darauf legen und leicht festdrücken.

9 Die Blätter zuerst rechts und links, dann oben und unten über die Füllung klappen und mit Küchengarn verschnüren. Die Maispäckchen nun 45–50 Min. in heißem Wasserdampf garen. Dann herausnehmen und lauwarm servieren. Die Blätter entfernen und nicht mitessen.

TIP!

Verwenden Sie unbedingt »masa harina«, das Sie in mexikanischen Lebensmittelgeschäften erhalten. Normales Maismehl ist nicht geeignet.

Kartoffelragout

Guiso de patatas

● Preiswert
● Vegetarisch

Für 4–6 Personen:

1 große Zwiebel
je 1 kleine rote, gelbe und grüne Paprikaschote (insgesamt etwa 400 g)
2 frische rote Chilischoten
2 Knoblauchzehen
1 kg festkochende Kartoffeln
6 EL Olivenöl
1 Zweig Rosmarin
Salz
schwarzer Pfeffer
1 TL Kreuzkümmel

Zubereitungszeit: 1 1/2 Std.
Bei 6 Personen pro Portion ca.:
774 kJ/190 kcal
4 g EW/8 g F/27 g KH

1 Die Zwiebel pellen und klein würfeln. Die Paprikaschoten waschen, halbieren, putzen und klein würfeln. Die Chilischoten putzen, längs aufschneiden, waschen und in dünne Streifen schneiden. Den Knoblauch pellen. Die Kartoffeln schälen, waschen und in etwa 2 cm große Würfel schneiden.

2 4 EL Olivenöl in einer Pfanne erhitzen und die Kartoffeln darin unter Rühren bei starker Hitze in 5–8 Min. braun braten.

3 Das restliche Öl in einer zweiten Pfanne erhitzen. Paprika- und Chilischoten darin bei mittlerer Hitze unter Rühren 5 Min. anbraten, dann den Knoblauch dazupressen. Den Rosmarinzweig waschen und mit Salz, Pfeffer, Kreuzkümmel und 150 ml Wasser zu den Paprikaschoten geben. Alles zugedeckt bei schwacher Hitze 10 Min. garen.

4 Dann die Kartoffeln zum Gemüse geben. Alles vermengen und offen noch 15 Min. bei mittlerer Hitze garen, dabei öfters umrühren.
Dazu paßt Bier.

VARIANTE

Geben Sie zu den Paprikaschoten noch 2 kleine, fein gewürfelte Fenchelknollen.

Auberginen mit grünen Bohnen

Berenjenas con vainitas

🔵 Gelingt leicht
🟡 Vegetarisch

Mit Reis ist dies eine komplette vegetarische Mahlzeit. Das Gemüse paßt aber auch sehr gut zu kurzgebratenem Fleisch oder Fisch.

Für 4 Personen:

1 Aubergine (etwa 350 g)
Salz
1 kleine Zwiebel
2 Tomaten
250 g grüne Bohnen
3 EL Öl
10–12 grüne, entsteinte Oliven
1/2 TL Zucker
1 EL Butter
Pfeffer

Zubereitungszeit: 1 1/2 Std.

Pro Portion ca.: 610 kJ/150 kcal
3 g EW/10 g F/14 g KH

1 Die Aubergine putzen, schälen und quer in 1 cm dicke Scheiben schneiden. Die Scheiben in etwa 1 cm breite Streifen schneiden, in ein Sieb legen und mit Salz bestreuen. 1 Std. stehenlassen.

2 Inzwischen die Zwiebel pellen und klein würfeln. Die Tomaten mit kochendem Wasser überbrühen, häuten, entkernen und die Stielansätze entfernen.

Die Bohnen putzen und abbrausen. Die Auberginen abbrausen und abtropfen lassen.

3 Das Öl in einer Pfanne erhitzen und die Zwiebelwürfel darin goldbraun braten. Tomaten und Auberginen hinzufügen und alles unter Rühren 15–20 Min. bei mittlerer Hitze köcheln lassen. Die Oliven hinzufügen und umrühren.

4 In der Zwischenzeit Salzwasser zum Kochen bringen. Den Zucker hinzufügen und die Bohnen darin in 15–20 Min. weich kochen. Dann abgießen, abtropfen lassen und in der Butter schwenken.

5 Das Auberginengemüse salzen und pfeffern und auf einer vorgewärmten Platte anrichten. Die Bohnen um das Gemüse herum verteilen. Heiß oder lauwarm servieren.

Fastensuppe

Fanesca

- Preiswert
- Gut vorzubereiten

Diese traditionelle Fastenspeise der Ecuadorianer wird mal mit, mal ohne Stockfisch zubereitet. Sie ist häufig das einzige Gericht von Gründonnerstag bis Karsamstag.

Für 4–6 Portionen:

600 g gesalzener
Stockfisch
1 Zwiebel
2 Knoblauchzehen
400 g Kürbis
1 kleine Dose weiße
Bohnen (Inhalt 400 g)
1 kleine Dose Kichererbsen
(Inhalt 400 g)
1 kleine Dose Mais (Inhalt
370 g)
30 g frische Erdnüsse
(ohne Schale gewogen)
3 EL Öl
1 Lorbeerblatt
1 TL getrockneter Oregano
1 EL Kreuzkümmel
200 ml Milch
Salz nach Belieben
weißer Pfeffer

Einweichzeit: 2–3 Tage
Zubereitungszeit: 1 Std.
Bei 6 Personen pro Portion ca.:
2200 kJ/525 kcal
45 g EW/10 g F/55 g KH

1 Stockfisch 2–3 Tage wässern, das Wasser dabei täglich erneuern.

2 Dann den Fisch von Haut und Gräten befreien

und in etwa 4 cm große Stücke schneiden. 1/2 l Wasser zum Kochen bringen und die Fischstücke darin 2 Min. leise köcheln lassen. Dann herausnehmen und das Kochwasser beiseite stellen.

3 Die Zwiebel pellen und fein würfeln. Den Knoblauch pellen. Den Kürbis schälen und in etwa 2 cm große Stücke schneiden. Bohnen, Kichererbsen und Mais abtropfen lassen. Die Erdnüsse nicht zu fein mahlen.

4 Das Öl in einem Topf erhitzen und die Zwiebelwürfel darin hellbraun braten. Den Knoblauch dazupressen. Kürbis, Mais, Bohnen, Kichererbsen, Lorbeerblatt, Oregano, Kreuzkümmel, Milch und 400 ml von dem Kochwasser hinzufügen. Alles zugedeckt 20 Min. bei schwacher Hitze köcheln lassen.

5 5 Min. vor Ende der Garzeit die Fischstücke in die Suppe geben und erwärmen. Nach Belieben noch mit Salz und Pfeffer abschmecken.
Dazu paßt frisches Brot.

Kartoffeln in Nußsauce

Ocopa

- Vegetarisch
- Preiswert

Dies ist eines der peruanischen Nationalgerichte. Es eignet sich als kleiner Imbiß oder als besonders üppige Vorspeise.

Für 4–6 Personen:

1 kg festkochende
Kartoffeln (kleine gelbe)
1 kleine Zwiebel
2 Knoblauchzehen
4–6 frische rote Chilischoten (möglichst
»Mirasol«, sonst jalapeños
aus der Dose)
150 g frische Erdnüsse
(ohne Schale gewogen)
75 ml Milch
3 EL Erdnußöl
125 g Magerquark
evtl. 3–4 EL Sahne
Salz
4–6 Salatblätter
12 große schwarze Oliven
6 hartgekochte Eier

Zubereitungszeit: 35 Min.
Bei 6 Personen pro Portion ca.:
1770 kJ/420 kcal
19 g EW/26 g F/34 g KH

1 Die Kartoffeln waschen und in der Schale mit wenig Wasser weich kochen. Das dauert, je nach Größe, 20–25 Min.

2 Die Zwiebel pellen und vierteln. Den Knoblauch pellen. Die Chilischoten putzen, längs aufschnei-

den, waschen und vierteln. Zwiebel, Knoblauch, Chillies, Erdnüsse, Milch, Öl und Quark im Mixer pürieren, eventuell mit etwas Sahne verfeinern. Die Sauce soll die Konsistenz einer dicken Mayonnaise haben. Mit Salz abschmecken.

3 Die Salatblätter waschen und trockentupfen. Entweder auf einzelnen Tellern oder auf einer größeren Platte auslegen.

4 Die Kartoffeln abgießen, pellen, halbieren und auf die Salatblätter legen. Die Sauce darüber gießen. Die Oliven darüber verteilen. Die Eier schälen, achteln und ebenfalls verteilen.

VARIANTE

Verwenden Sie nur die Hälfte der Erdnüsse und pürieren Sie statt dessen 200 g gekochte Krabben mit den anderen Zutaten. Garnieren Sie das fertige Gericht außerdem pro Portion mit 2–3 gekochten, geschälten Garnelen.

Im Bild oben: Kartoffeln in Nußsauce
Im Bild unten: Fastensuppe

Kartoffeln mit Tomaten

Papas con tomates

- 🔵 Preiswert
- 🔵 Gelingt leicht

Für 4 Personen:

850 g Kartoffeln
1 Zwiebel
3 Tomaten
1 EL Schweineschmalz
1 EL Butter
Salz
weißer Pfeffer
50 ml Milch
50 g Sahne
4 EL frisch geriebener Hartkäse (z. B. Parmesan)

Zubereitungszeit: 45 Min.

Pro Portion ca.: 1110 kJ/270 kcal
7 g EW/12 g F/35 g KH

1 Die Kartoffeln waschen und mit der Schale in wenig Wasser weich kochen. Das dauert, je nach Größe, 20-25 Min.

2 In der Zwischenzeit die Zwiebel pellen und fein würfeln. Die Tomaten mit kochendem Wasser überbrühen, häuten, entkernen und achteln, dabei die Stielansätze entfernen. Schmalz und Butter in einer Pfanne erhitzen und die Zwiebel darin unter Rühren glasig dünsten.

3 Dann die Tomatenstücke dazugeben und 2–3 Minuten mitbraten, bis die Tomaten musig sind. Mit Salz und Pfeffer würzen. Milch und Sahne angießen und den Käse hinzufügen. Die Sauce soll cremig sein.

4 Die Kartoffeln abgießen, heiß pellen und mit der Sauce übergießen. Mit einem Salat oder auch zu kurzgebratenem Fleisch servieren.

Yucca in pikanter Sauce

Yuca picante

- 🟡 Vegetarisch
- 🟢 Sehr scharf

Ob Chilischoten aus Mexiko oder Peru stammen, darüber streiten die Wissenschaftler. Unbestreitbar aber ist die Tatsache, daß Peruaner unheimlich scharf essen. Wer das nicht mag, nimmt weniger Chillies.

Für 6 Personen:

750 g Yucca · Salz
6–10 frische rote Chilischoten
250 g Magerquark
75 ml Milch
100 ml Öl

Zubereitungszeit: 40 Min.

Pro Portion ca.: 1590 kJ/380 kcal
11 g EW/20 g F/44 g KH

1 Die Yucca schälen und in etwa 4 cm lange Stücke schneiden. In Salzwasser in 25 Min. weich kochen.

2 In der Zwischenzeit die Chilischoten putzen, längs aufschneiden, waschen und kleinschneiden. Mit Quark, Milch und Öl im Mixer zu einer dickflüssigen Sauce pürieren, mit Salz würzen.

3 Die Yucca abgießen und in eine Schüssel geben. Die Hälfte der Sauce darüber gießen, die andere Hälfte getrennt dazu reichen.

Schwarze Bohnen

Frijoles negros

● Gelingt leicht
● Vegetarisch

Mit Reis serviert sind schwarze Bohnen ein vegetarisches Hauptgericht. Traditionell werden sie zu Rindfleisch aus Caracas serviert (Seite 26).

Für 4 Portionen:

200 g getrocknete schwarze Bohnen
1 Zwiebel
1 rote Paprikaschote
4 Knoblauchzehen
3 EL Öl
Salz
1 TL Zucker
1 TL Kreuzkümmel

Zubereitungszeit: 2 1/2 Std.
Einweichzeit: mindestens 12 Std., besser über Nacht

Pro Portion ca.: 1010 kJ/240 kcal
12 g EW/6 g F/36 g KH

1 Die Bohnen mindestens 12 Std., besser über Nacht, in reichlich Wasser einweichen. Am nächsten Tag im selben Wasser (es soll etwa 5 cm über den Bohnen stehen) in 2 Std. zugedeckt weich köcheln.

2 Die Zwiebel pellen und fein würfeln. Die Paprikaschote waschen, halbieren, putzen, fein würfeln. Den Knoblauch pellen.

3 Das Öl erhitzen und die Zwiebelwürfel darin unter Rühren goldbraun braten. Dann die Paprikaschote hinzufügen und den Knoblauch dazupressen. Die Bohnen abtropfen lassen und hinzufügen. Mit Salz, Zucker und Kreuzkümmel würzen.

Linsentopf

Menestra de lentejas

● Preiswert
● Vegetarisch

Für 4–6 Personen:

250 g Linsen
2 frische grüne Chilischoten
1 Zwiebel
1 rote Paprikaschote
2 Knoblauchzehen
2 EL Erdnußöl · Salz
1 TL schwarzer Pfeffer
1 TL Kreuzkümmel
1 TL Achiotepulver

Zubereitungszeit: 1 Std. 10 Min.
Bei 6 Personen pro Portion ca.:
750 kJ/180 kcal
12 g EW/3 g F/27 g KH

1 Die Linsen waschen. Die Chilischoten waschen und putzen. Mit den Linsen und 1 l Wasser aufkochen und zugedeckt bei schwacher Hitze 25 Min. köcheln lassen. Die Chilischoten entfernen, die Linsen abgießen.

2 Die Zwiebel pellen und fein würfeln. Die Paprikaschote waschen, halbieren, putzen und in 1/2 cm große Würfel schneiden. Den Knoblauch pellen. Das Öl erhitzen und die Zwiebelwürfel darin goldbraun braten. Die Paprikawürfel hinzufügen, den Knoblauch dazupressen. Alles unter Rühren 2–3 Min. braten.

3 Die Linsen zu der Zwiebel-Mischung geben. 150 ml Wasser, Salz, Pfeffer, Kreuzkümmel und Achiote hinzufügen. Alles zugedeckt bei schwacher Hitze weitere 10–20 Min. leise köcheln lassen. Als Suppe oder mit Reis servieren.

Bohnen mit Kürbis

Frijoles con zapallo

● Vegetarisch
● Braucht etwas Zeit

Für 4–6 Personen:

200 g getrocknete weiße Bohnen	
1 Zwiebel	
300 g Kürbis	
4 Tomaten	
1 kleine Dose Maiskörner (Inhalt 370 g)	
3 EL Olivenöl · Salz	
1 TL schwarzer Pfeffer	
1 TL getrockneter Oregano	
1 TL Paprika, edelsüß	

Zubereitungszeit: 2 1/2 Std.
Einweichzeit: 6 Std.

Bei 6 Personen pro Portion ca.:
1000 kJ/240 kcal
10 g EW/8 g F/35 g KH

1 Die Bohnen 6 Std. in kaltem Wasser einweichen. Dann mit frischem Wasser zugedeckt 2 Std. kochen lassen, bis sie weich sind. Eventuell etwas Wasser nachgießen: Die Bohnen sollten knapp bedeckt sein.

2 Die Zwiebel pellen und fein würfeln. Den Kürbis schälen und die Kerne entfernen. Das Fruchtfleisch in etwa 1 cm große Würfel schneiden. Die Tomaten mit kochendem Wasser überbrühen, häuten, entkernen und grob hacken, dabei die Stielansätze entfernen. Mais abtropfen lassen.

3 Das Öl erhitzen und die Zwiebelwürfel darin glasig dünsten. Die Kürbiswürfel, Salz, Pfeffer, Oregano und Paprika hinzufügen. Alles unter Rühren 5 Min. bei mittlerer Hitze braten. Die Bohnen mit 1/4 l Kochflüssigkeit hinzufügen, den Mais ebenfalls zu den Bohnen geben. Alles unter Rühren 5 Min. köcheln lassen.

TIP!

Dieses Gericht schmeckt ausgezeichnet mit Reis, man kann es aber auch sehr gut zu Schweinebraten oder kurzgebratenem Fleisch servieren.

Kartoffeln aus Huancayo

Papas a la huancaina

● Raffiniert
● Gelingt leicht

Für 4 Personen:

8 große Kartoffeln
2 frische Maiskolben (ersatzweise 1 Dose Maiskörner, Inhalt 370 g)
Salz
4 Eier
1/2 Kopfsalat
4 frische gelbe oder rote Chilischoten
200 g Ziegenfrischkäse
1/2 TL Kurkuma
75 ml Milch
50 ml Öl
12 schwarze entsteinte Oliven

Zubereitungszeit: 40 Min.

Pro Portion ca.: 2610 kJ / 620 kcal
28 g EW / 36 g F / 50 g KH

1 Die Kartoffeln waschen und mit der Schale in wenig Wasser in 20-25 Min. weich kochen. Die Maiskolben waschen und in Salzwasser in 20 Min. weich kochen. Die Eier in 10 Min. hart kochen, dann kalt abschrecken. Den Kopfsalat waschen und trockenschleudern. Die Blätter auf 4 Teller verteilen.

2 Die Chilischoten putzen, längs aufschneiden, waschen und in große Stücke schneiden. Käse, Chilischoten, Kurkuma, Milch, Öl und Salz im Mixer zu einer geschmeidigen Paste pürieren.

3 Die Kartoffeln abgießen, pellen, halbieren und auf die Salatblätter legen. Die Maiskolben abtropfen lassen. Jeden Kolben zwei- bis dreimal durchschneiden und neben die Kartoffeln legen (Maiskörner aus der Dose abtropfen lassen und gleichmäßig auf den Kartoffeln verteilen). Die Eier pellen, halbieren und ebenfalls auf den Salatblättern anrichten.

4 Die Sauce über die Kartoffeln gießen, die Oliven darüber streuen.

Kartoffelpuffer

Llapingachos

● Preiswert
◐ Gelingt leicht

In Ecuador heißen diese Kartoffelpuffer »Llapingachos« (das doppelte »ll« wird wie »j« ausgesprochen). Sie sind mit einem Salat ein vegetarischer Imbiß, passen aber auch gut zu Braten oder Gulasch. In Ecuador gehören sie unbedingt zur »Fritada« (Seite 24).

Für 4–6 Personen:

1,3 kg Kartoffeln
Salz
1 Zwiebel
2 EL Öl
125 g Mozzarella
100 ml Achioteöl

Zubereitungszeit: 1 1/4 Std.

Bei 6 Personen pro Portion ca.:
1400 kJ/330 kcal
7 g EW/22 g F/28 g KH

1 Die Kartoffeln schälen, waschen, vierteln und in wenig Salzwasser weich kochen, das dauert, je nach Größe der Kartoffeln, 20–25 Min.

2 Inzwischen die Zwiebel pellen und fein würfeln. Das Öl in einer Pfanne erhitzen und die Zwiebel darin goldbraun knusprig braten, dann beiseite stellen.

3 Die Kartoffeln abgießen und heiß durch die Presse drücken. Mit Salz und den gebratenen Zwiebeln vermischen. Die Masse zu einem festen Kloß zusammendrücken und etwas abkühlen lassen.

4 Den Mozzarella in 12–14 Würfel schneiden. Mit einem Eßlöffel jeweils ein Stück Kartoffelteig abstechen, mit 1 Würfel Mozzarella füllen und flachdrücken. Auf diese Weise 12–14 gefüllte Puffer formen.

5 Das Achioteöl erhitzen. Die Puffer darin bei mittlerer Hitze von beiden Seiten braun braten.

Maisbrot

Sopa paraguaya

○ Gelingt leicht
● Gut vorzubereiten

Diese Spezialität heißt in Paraguay »Sopa paraguaya«, obwohl es sich nicht um eine Suppe handelt. Sie wird zur Fleischsuppe serviert, paßt aber auch gut zu saucigen Fleischgerichten oder auf ein Party-Buffet.

Für 10–12 Portionen:

2 Zwiebeln
80 g Butter
1 kleine Dose Maiskörner (Inhalt 400 g)
250 g Magerquark
2 EL frisch geriebener Hartkäse (z. B. Parmesan)
300 g feines Maismehl
200 ml Milch
Salz · 6 Eier
Öl für die Form

Zubereitungszeit: 1 Std.

Bei 12 Personen pro Portion ca.:
980 kJ/230 kcal
9 g EW/11 g F/26 g KH

1 Die Zwiebeln pellen und fein würfeln. 40 g Butter erhitzen und die Zwiebelwürfel darin weich und hellgelb dünsten. Eine ofenfeste Form (25 x 30 cm) mit Öl auspinseln. Die Maiskörner abtropfen lassen. Den Backofen auf 200° vorheizen.

2 Die restliche Butter zerlassen und abgekühlt mit dem Quark und dem Käse verrühren. In einer anderen Schüssel Maismehl, Maiskörner, Milch und Salz verkneten. Dann die Quarkmischung und die Zwiebeln unterrühren.

3 Die Eier trennen. Die Eigelbe mit den Schneebesen des elektrischen Handrührgerätes zu einer dicklichen, hellen Creme aufschlagen. Die Eiweiße zu steifem Schnee schlagen. Zuerst die Eigelbcreme, dann das steifgeschlagene Eiweiß locker, aber gründlich unter die Teigmasse heben.

4 Den Teig in die Form füllen und im Backofen (Mitte, Umluft 180°) in 30 Min. goldbraun bakken. Entweder in der Form servieren oder das Brot in 10–12 rechteckige Stücke schneiden und auf einem Teller anrichten. Lauwarm servieren.

Desserts und Drinks

In Südamerika haben Nachspeisen nicht den Stellenwert, den sie bei uns einnehmen. Meist reicht man als Dessert frische Früchte, einen Obstsalat oder eine »colada«, das ist ein eingedickter Fruchtsaft. Zu besonderen Gelegenheiten und religiösen Feiertagen kann es aber durchaus etwas Besonderes sein.

Ananas

Exotische Früchte sind auch in Europa mehr und mehr im Kommen und nicht mehr ganz unbekannt. An viele haben wir uns schon längst gewöhnt, wie z. B. an die Ananas. Sie stammt aus den Tropengebieten Brasiliens und wurde dort schon lange vor Ankunft der Spanier und Portugiesen kultiviert. Eine reife Ananas erkennt man an ihrem betörenden Duft und an ihrer gelbbräunlichen Schale, die auf

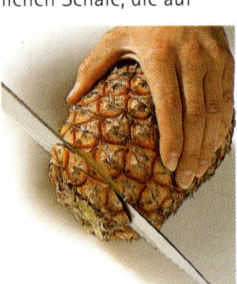

Druck leicht nachgeben sollte.

Zum Schälen schneidet man zunächst den Schopf und einen unteren Deckel ab und stellt sie dann senkrecht auf eine feste Unterlage. Nun schält man sie von oben nach unten mit einem großen Messer dick ab und entfernt auch die schwarzen Augen. Zum Schluß

schneidet man das Fruchtfleisch rundherum bis zum Strunk ab oder man viertelt die Frucht und schneidet dann den Strunk heraus. Am besten schmeckt Ananas pur oder mit etwas Rum und Sahne, aber auch Flans und Cremes sind eine feine Nachspeise. Wenn man eine Ananasspeise gelieren will, muß man das Fruchtfleisch aber vorher blanchieren, da das in ihr enthaltene Enzym, das Bromelin, ein Festwerden verhindert.

Cherimoya

Die Cherimoya, die man auf großen Märkten und in guten Obstgeschäften findet, ist ebenfalls eine der ältesten Obstsorten Südamerikas. Ihre herzförmigen Früchte sind etwa 15 cm groß und haben ein graugrünes, regelmäßiges Schuppenmuster. Das Fruchtfleisch wird von Kanälen durchzogen und enthält schwarze Samen. Es schmeckt süß-aromatisch. Meist wird es aus der Schale herausgekratzt und pur gegessen. Aber auch ein Flan oder ein Eis läßt sich aus der Cherimoya zubereiten.

Kokosnuß

Die Kokosnuß ist in Südamerika eine wichtige Kulturpflanze. Die Früchte werden kindskopfgroß und etwa 2,5 kg schwer. In frischem, noch grünem Zustand enthält die Nuß noch wenig der farblosen, wohlschmeckenden Flüssigkeit. Das ist das Kokoswasser – und nicht etwa Kokosmilch, die man erst erhält, wenn man das Fruchtfleisch püriert, es mit heißem Wasser übergießt und ausdrückt. Die bei uns gehandelten

Kokosnüsse sind schon vollständig ausgereift und haben eine haarige, dunkelbraune harte Schale. Um zu prüfen, ob sie gut sind, muß man sie schütteln. Wenn es innen nicht plätschert, ist die Nuß ausgetrocknet und verdorben, ihr Fleisch ist seifig und ungenießbar.

Kokosmilch

Da das Reiben und Pressen des Kokosfleisches mühsam und zeitaufwendig ist, kann man ohne weiteres auf Kokosmilch in Dosen oder auf konzentrierte, gepreßte Kokos-

creme zurückgreifen (creamed coconut), nur ungesüßt muß sie sein. Sie wird entweder in heißem Wasser (etwa 100 g auf 1/4 l) oder direkt in der betreffenden Speise aufgelöst.

Eis

Eis ist in ganz Südamerika ein Renner. Die Herstellung haben oft eingewanderte Chinesen und deren Nachfahren übernommen, deshalb heißt das beste Eis oft »helado chino«. Frisch gepreßte Fruchtsäfte mit Stückchen vom Fruchtfleisch werden

in der schon eingangs erwähnten *paila* (Seite 19) auf Eiswürfeln und grobem Salz von Hand so lange gerührt, bis eine cremige Masse entstanden ist – eine wunderbare Schleckerei! Nicht nur aus Früchten wird Eis gemacht, sondern auch aus Milch und Sahne mit Nüssen, Schokolade und/oder Vanillemark.

Im Uhrzeigersinn von links nach rechts: Frische Kokosnuß, Kokosmilch aus der Dose, Kokoscreme (creamed coconut), Cherimoya.

Ananas mit Rum

Piña con ron

● Gelingt leicht
● Raffiniert

Für 6 Personen:

1 Ananas (ca. 1 kg)
2 EL Zucker · 1/2 TL Zimt
1/4 TL Nelken
60 ml brauner Rum

Zubereitungszeit: 20 Min.

Pro Portion ca.: 290 kJ/70 kcal
0 g EW/0 g F/12 g KH

1 Die Ananas sorgfältig schälen und in etwa 1 cm dicke Scheiben schneiden. Den Strunk ausstechen. Die Ananasscheiben in eine flache, feuerfeste Form legen.

2 Einen Grill vorheizen. Zucker, Zimt und Nelken vermischen. Die Hälfte davon über die Ananasscheiben streuen. Die Scheiben unter dem Grill in 5–6 Min. goldbraun grillen.

3 Die Ananasscheiben umdrehen, mit der restlichen Zuckermischung bestreuen und weitere 3 Min. grillen. Dann Rum darüber gießen und noch 1 Min. goldbraun übergrillen. Heiß oder lauwarm mit halb steif geschlagener Sahne oder Vanilleeis servieren.

Feigen in Brandy

Higos al brandy

● Gelingt leicht
● Schnell

Für 4 Personen:

8 reife Feigen
200 ml spanischer Brandy
100 ml Zuckersirup
60 g Walnußkerne
leicht geschlagene Sahne oder Vanilleeis

Zubereitungszeit: 10 Min.
Marinierzeit: 1 Std.

Pro Portion ca.: 1000 kJ/240 kcal
2 g EW/2 g F/26 g KH

1 Die Feigen vorsichtig der Länge nach auf – aber nicht durchschneiden und auf Portionsschalen verteilen. Den Brandy mit dem Zuckersirup gründlich vermischen und über die Feigen gießen. Zugedeckt 1 Std. kalt stellen.

2 Die Walnüsse grob mahlen und über die Feigen streuen. Mit leicht geschlagener Sahne oder Vanilleeis servieren.

> **TIP!**
>
> Wenn Sie keinen Zuckersirup bkommen, können Sie ihn selbst herstellen. Dafür Zucker und Wasser im Verhältnis 1:2 kochen lassen, bis sich der Zucker vollkommen gelöst hat.

Kokos-Eis

Helado de coco

● Gut vorzubereiten
● Raffiniert

Für 6 Personen:

150 g Kokosflocken
6 Eigelb
125 g Puderzucker
3 EL Kokoslikör
4 EL goldener Rum
200 g Sahne
nach Belieben Minzeblättchen und Kirschen oder andere Früchte zum Garnieren

Zubereitungszeit: 20 Min.
Kühlzeit: 4–5 Std.

Pro Portion ca.: 1420 kJ/340 kcal
4 g EW/19 g F/30 g KH

1 Die Kokosflocken in einer Pfanne ohne Fett unter Rühren goldbraun rösten und beiseite stellen.

2 Die Eigelbe und den Puderzucker mit den Schneebesen des elektrischen Handrührgerätes zu einer hellen, dicken Creme aufschlagen. 100 g Kokosflocken, Kokoslikör und Rum unterrühren. Die restlichen Kokosflocken zum Garnieren beiseite stellen.

3 Die Sahne steif schlagen und unter die Eiercreme heben. Die Masse in eine Gefrierschale füllen und 4–5 Std. gefrieren lassen.

4 Mit einem Löffel oder einem Eisportionierer das Eis auf Dessertteller verteilen und mit den restlichen Kokosflocken, Minzeblättchen und den Kirschen oder anderen Früchten garnieren.

VARIANTE

Anstelle von Kokosflocken, Kokoslikör und Rum können Sie Schokolade-, Krokant- oder Fruchtstückchen oder das ausgekratzte Mark einer Vanilleschote unter die Eismasse rühren.

Im Bild oben: Ananas mit Rum
Im Bild Mitte: Feigen in Brandy
Im Bild unten: Kokos-Eis

Osterkuchen

Torta de pascuas

● Gut vorzubereiten
● Braucht etwas Zeit

Für eine Kastenform von 2 l Inhalt (ergibt etwa 16 Stück):

150 g gemischte getrocknete Früchte (Aprikosen, Orangeat, Zitronat, Pflaumen)
200 g Rosinen
500 g Mehl
250 g Butter
150 g Zucker
6 Eier
1 Päckchen Vanillezucker
2 TL Backpulver
2 EL Rum (ersatzweise Milch)
4 EL Milch
1 Prise Salz
150 g gemahlene Mandeln oder Walnüsse
1 TL Zimt
1 EL Zitronensaft
1 Msp. gemahlene Nelken
Fett für die Form

Zubereitungszeit: 2 1/2 Std.

Pro Stück ca.: 1730 kJ/410 kcal
8 g EW/20 g F/53 g KH

1 Die getrockneten Früchte in winzige Würfel schneiden und mit den Rosinen und 1 EL Mehl vermischen.

2 Die Butter mit dem Zucker schaumig rühren, nach und nach die Eier unterrühren. Das restliche Mehl mit dem Vanillezucker und dem Backpul-ver vermischen und unter den Teig rühren. Den Backofen auf 175° vorheizen.

3 Rum, Milch, Salz, Nüsse, Zimt, Zitronensaft und Nelken hinzufügen und alles gut durchrühren.

4 Eine Kastenform ausfetten und den Teig hineinfüllen. Im vorgeheizten Backofen (Mitte, Umluft 150°) 2 Std. backen. Die Teigoberfläche nach einiger Zeit eventuell mit Alufolie abdecken, damit sie nicht zu schwarz wird. Den Kuchen im Ofen auskühlen lassen. Den Kuchen vor dem Servieren in etwa 1 1/2 cm dicke Scheiben schneiden.

Cherimoya-Flan

Flan de cherimoya

● Raffiniert
● Gut vorzubereiten

Für 4 Personen:

2 Cherimoyas (je etwa
250 g)
60 g Zucker
3 Eier
nach Belieben einige
Erdbeeren oder andere
Früchte und Zitronen-
melisse zum Garnieren

Vorbereitungszeit: 20 Min.
Garzeit: 1 Std.
Kühlzeit: 2–3 Std.

Pro Portion ca.: 745 kJ/180 kcal
5 g EW/4 g F/34 g KH

1 Die Cherimoyas längs
halbieren. Das Frucht-
fleisch herausschaben und
die Kerne entfernen. Das
Fruchtfleisch in kleine
Stücke schneiden.

2 Den Zucker in einem
kleinen Topf bei mittlerer
Hitze goldbraun kara-
melisieren. Dann sofort
ein kleines ofenfestes
Gefäß oder vier ofenfeste
Tassen damit auskleiden.
Den Backofen auf 180°
vorheizen.

3 Die Eier verquirlen und
mit dem Fruchtfleisch im
Mixer zu einer homoge-
nen Masse verarbeiten.
Die Masse in die Form
oder die Förmchen geben,
verschließen und in die

Fettpfanne des Ofens
stellen. Diese mit heißem
Wasser füllen. Den Flan
im Backofen (Mitte, Um-
luft 160°) 1 Std. garen
lassen. Herausnehmen
und abkühlen lassen, dann
etwa 2–3 Std. kalt stellen.

4 Den Flan vor dem
Servieren stürzen. Dafür
die Form oder die Förm-
chen kurz in heißes
Wasser tauchen, dann löst
sich der Flan leichter.
Eventuell mit Frucht-
stückchen und Zitronen-
melisse garnieren.

VARIANTE

Für einen Ananasflan 1/2 l
frisch gepreßten Ananassaft
oder ungezuckerten Saft aus
der Dose mit 50 g Zucker
vermischen und 15 Min.
kochen, dann lauwarm
abkühlen lassen. 5 Eier verquirlen und mit dem Saft
vermengen. Eine Form mit
Karamel ausgießen, die
Ananasmasse hineinfüllen.
Den Flan im Wasserbad im
vorgeheizten Ofen bei 160°
etwa 1 1/2 Std. garen. Herausnehmen, abkühlen lassen
und 3–4 Std. kalt stellen.
Den Flan mit Ananasstück-
chen und Minzeblättchen
garnieren.

Caipirinha

Caipirinha

● Schnell
● Gelingt leicht

Caipirinha ist das brasilianische Nationalgetränk und bedeutet wörtlich übersetzt »Hinterwäldlerin« – weiß der Himmel, warum. An heißen Tagen ist dieser Cocktail erfrischend und belebend.

Für 1 Person:

3–4 Eiswürfel
1 Limette
1–2 TL Puderzucker
6 cl Cachaça
(Zuckerrohrschnaps)

Zubereitungszeit: 2 Min.

Pro Portion ca.: 720 kJ / 170 kcal
0 g EW / 0 g F / 10 g KH

1 Die Eiswürfel in ein mittelgroßes Glas geben. Die Limette waschen und abtrocknen. Dann halbieren und auspressen. Den Saft und die Limettenhälften auf das Eis geben, den Zucker darüber streuen. Mit einem Löffel alles gut verrühren und die Limettenschalen noch etwas ausdrücken.

2 Den Zuckerrohrschnaps darüber gießen und noch einmal umrühren.

Pisco Sour

Pisco sour

● Schnell
● Raffiniert

Für 2 Personen:

1 Limette
1 frisches Eiweiß
1 EL Puderzucker
10 cl Pisco
(Traubenschnaps)
gestoßenes Eis
2 Spritzer Angostura

Zubereitungszeit: 2 Min.

Pro Portion ca.: 610 kJ / 150 kcal
2 g EW / 0 g F / 6 g KH

1 Die Limette halbieren, den Saft auspressen. Limettensaft, Eiweiß, Puderzucker, Pisco und Eis in einen Shaker geben und 20 Sek. lang kräftig schütteln.

2 Den Pisco Sour mit dem gestoßenen Eis auf zwei Cocktailgläser verteilen und je 1 Spritzer Angostura hinzufügen.

VARIANTE

Aus Bolivien kommt ein Drink namens Biblia con Pisco. Für 2 Personen 2 ganze frische Eier mit 2 EL Puderzucker, 10 cl Pisco und reichlich gestoßenem Eis im Shaker einige Sekunden kräftig schütteln und auf 2 Gläser verteilen. Mit einem Hauch Zimtpulver oder frisch geriebener Muskatnuß bestäuben.

Früchtebowle

Ponchera de frutas

● Raffiniert
● Gut vorzubereiten

Für 10 Personen:

2 Orangen
2 Bananen
2 Äpfel
1 kleine Papaya oder Melone
Saft von 1 Zitrone
1 l trockener Rotwein
1 l Mineralwasser
20 Eiswürfel

Zubereitungszeit: 15 Min.
Kühlzeit: 2 Std.

Pro Portion ca.: 210 kJ / 50 kcal
1 g EW / 0 g F / 14 g KH

1 Die Orangen schälen, auch die weiße innere Haut entfernen. Die Früchte in kleine Stückchen schneiden. Bananen schälen und in 1/2 cm dicke Scheiben schneiden. Die Äpfel schälen, achteln und ohne Kerngehäuse in kleine Würfel schneiden. Die Papaya oder Melone schälen, Kerne entfernen, das Fruchtfleisch kleinschneiden.

2 Die Früchte mit Zitronensaft und Wein begießen und 2 Std. kalt stellen. Vor dem Servieren Mineralwasser und Eiswürfel hinzufügen, gut umrühren.

Orangenschnaps

Aguardiente de naranja

● Schnell
● Gelingt leicht

Für 1 Person:

1 Orange
3–4 Eiswürfel
5 cl Pisco
(Traubenschnaps)

Zubereitungszeit: 2 Min.

Pro Portion ca.: 720 kJ / 170 kcal
1 g EW / 0 g F / 13 g KH

1 Die Orange halbieren und auspressen. Die Eiswürfel in ein Glas geben.

2 Den Orangensaft und den Pisco darüber gießen und umrühren. Nach Belieben mit 1 Orangenscheibe garnieren. Dafür die Scheibe bis zur Mitte einschneiden und auf den Rand des Glases stecken.

VARIANTE

Statt Orangensaft können Sie auch frisch gepreßten Mandarinensaft oder eine Mischung aus Orangen- und Mandarinensaft verwenden.

**Im Uhrzeigersinn von oben:
Früchtebowle, Pisco Sour,
Caipirinha und Orangenschnaps**

Impressum

Redaktion: Christine Wehling
Lektorat: Claudia Daiber
Layout, Typographie, Umschlaggestaltung:
Heinz Kraxenberger
Herstellung: Renate Hausdorf
Produktion: Helmut Giersberg
Fotos: Odette Teubner
Satz: Computersatz Wirth
Reproduktion: PHG Lithos
Druck und Bindung: Kaufmann, Lahr
ISBN 3-7742-3585-6

Auflage	5.	4.	3.	2.	1.
Jahr	01	2000	99	98	97

Cornelia Zingerling
ist gebürtige Rheinländerin. Sie hat schon zahlreiche Kochbücher und kulinarische Artikel in verschiedenen Zeitschriften veröffentlicht. Sie lebte und arbeitete 6 Jahre in Ecuador/Südamerika und hat alle Länder dieses Kontinents bereist. Im Laufe der Zeit hat sie eine umfangreiche authentische Rezeptsammlung angelegt.

Odette Teubner
wuchs bereits zwischen Kameras, Scheinwerfern und Versuchsküche auf. Ausgebildet wurde sie durch ihren Vater, den international bekannten Food-Fotografen Christian Teubner. Nach einem kurzen Ausflug in die Modefotografie kehrte sie in die Foodbranche zurück und hat seitdem das seltene Glück, Beruf und Hobby zu vereinen. Odette Teubner liebt die tägliche Herausforderung, die Frische und Natürlichkeit der Lebensmittel optimal in Szene zu setzen.

GASHERD-TEMPERATUR

Die Temperaturstufen bei Gasherden variieren von Hersteller zu Hersteller. Welche Stufe Ihres Herdes der jeweils angegebenen Elektroherd-Temperatur entspricht, entnehmen Sie bitte der Gebrauchsanweisung.

ABKÜRZUNGEN

TL = Teelöffel
EL = Eßlöffel
Msp. = Messerspitze

KJ = Kilojoules
Kcal = Kilokalorien
EW = Eiweiß
F = Fett
KH = Kohlenhydrate

Bestelladressen

Mex-Al GmbH
52070 Aachen

Mai-Ling Versand
Brunnthalerstr. 2
85649 Hofolding